強育論

佐々木正雄

竹書房

はじめに

安んじて事を託さるる人となれ。

これは、私の恩師である故・松本武雄先生（元横浜商科大学・横浜商科大学高校理事長）の言葉だ。何事も安心して任される人になりましょう、という意味で、横浜商科大学は１９６６年（昭和41年）の開学時から、この言葉を建学の精神に掲げている。

私は、横浜商大硬式野球部の監督・コーチを38年間務めてきたが、教え子たちを強く育てたいという気持ちは常に持っていた。教え子たちには、社会に出てから「あいつはいい男だよな。信頼できるよな」って言われるようになってほしいんだ。たとえ野球はうまくなかったとしても、人としてはすごく魅力があるぞと、まわりの人からそんなふうに評価されるような男になってほしいと強く願い、これまで指導にあたってきた。

横浜商大硬式野球部は、神奈川大学野球連盟に所属している。東京六大学野球連盟や東都大学野球連盟に比べると、まだまだ歴史の浅い連盟だ。それでも、東京六大学、東都に追い付き追い越せ、という気持ちが私にはあるし、学生たちにもそう言ってきた。

東京六大学には錚々《そうそう》たる諸先輩方が築いてきた歴史や伝統があって、それなりの企業、それなりの人脈によって、それなりの流れを友人関係でも作ることができる。東都もそうだ。でもね、これに横浜商大だって近づいていかないといけないんだ。

そのためには、学生たちの就職をきちんとしてやらないといけない。だから、野球の勝ち負けよりも学生たちの人間形成、そして就職のほうにどうしても力が入っていった。

大企業とか有名企業に入りさえすればいい、ということじゃない。自分の入った会社、職場で、上司やまわりの人たちと良好な人間関係を作って、自分のやるべき仕事をしっかりこなす。上司やまわりの人たちにも可愛がられて、評価される人間になってほしいんだ。

人の上に立つというのは大変なことだ。上に立つのもいいけど、立ちっぱなしで座れなくなったら困るんで、立ったり座ったりもしないといけないよね（笑）。上に立ち続けてると疲れちゃうから、ときにはあぐらをかいたっていいだろう。要は、すぐに元に戻れる人になってほしいわけ。すぐ立つし、すぐ座れる。あぐらをかいていても正座をしていても、すぐ元に戻れる人間になってほしい。

横浜商大に入学してくる選手たちは、甲子園のスターとか、ドラフト候補で騒がれたとか、そういう存在はほとんどいない。エースやレギュラーじゃなかった選手もいるし、都道府県大会の1回戦ボーイだって何人もいる。

そんな子たちを指導するのが、はっきり言って楽しかった。4年間で学生たちが大きく成長し、社会に巣立っていくところが見られるんだ。こんなに楽しい仕事はないよ。

監督・コーチをやっていた38年間で、次から次へといろんなことが起きた。

春のリーグ戦では4度、秋のリーグ戦では2度の計6回優勝させてもらった。2008年からは3年間、全日本大学野球連盟監督会の会長もやらせていただき、大学日本代表チームの団長やコーチも務めた。いつからか、野球関係者やそれ以外のジャンルのいろんな方から、さまざまな相談を受けることが多くなっていった。

「佐々木さんの監督室は、野球界の駆け込み寺ですね」

そんなことを言われたこともある。うまいこと言うよね。たしかに、いろんな人からいろんな相談を受けて、その問題を解決するために私は手を尽くしてきた。だけど、監督をやっている間は不思議とストレスを感じることはなかった。いまのほうがストレスはあるかもね。私はサメみたいに、ずっと動いていないと気が済まない生き物なのかもしれない。

たくさんの教え子を世の中に送り出してきたが、中にはトラブルを起こしてしまう者もいた。でも世の中、そんなに正しいことばかりじゃないし、我々は聖人君子じゃないんだから、もともとはみんな間違いだらけなんだ。その間違いや過ちを「実践理論」で修正していく。修正をするためには身体を張らなきゃいけないときもあれば、泣いて泣いて、悩んで悩んで行うときもある。でも、その結果として修正ができればいいんだ。

過ちを修正するために、学生たちにビンタを一発食らわしてやらなきゃいけないことも、過去にはあった。

そのあと、その子を部屋に呼んで、こう言って聞かせる。

「自分のまわりに、いい友だちが何人もできるような男になれ」

「素直に生きろ。素直に野球と向き合え」

「仲間が腹を割って相談できるような男になれ」

私が願っているのは、そういうことなんだ。

学生たちは大学4年間を過ごしたあと、世の中に出ていく。

自分に対して、仲間に対して、社会に対して、人生に対して、勘違いや履き違えを正せる最後の機会が大学の4年間なんだ。

一丁前にネクタイを締めて新しい背広を着て、うわべだけこしらえているけど、中身の半端な若者がなんと多いことか。うちを選んで来てくれた野球部の学生たちを、そんな半端な中身のままで世の中に出すわけにはいかない。それでは、私を信頼して大事な息子を預けてくれた親御さんたちに申し訳が立たない。

昨今の教育の現場では、教え子に手を上げれば何でもかんでも「暴力だ」と言われる。教え子の成長を促すために厳しい言葉を掛けても、それが「ハラスメント」だとされる。教育者、指導者はビクビクしながら教育、指導にあたっているのが現状だろう。何でもありの世の中、権利だけがひとり歩きしている。一体、責任はどこへ行ってしまったのか。

私は、教え子には強い人間になってほしい。体力も、知力も、心も、すべてにおいて強い人間になってほしいんだ。だから、これまで私は学生たちに厳しく指導してきた。悪ガキであっても、間違ったことに気がついたら、強く正しく生きていくことが絶対にできる。

教え子を強く育てるためには、指導者こそ強くならなければならない。それを待っている子どもは結構いるものなんだよ。そして、教員、指導者と保護者とは、対立するのではなく、お互いに理解を深めたうえで連携することが大切なんだ。

教育がしっかりしていれば、政治、経済はしっかり機能する。教育は国の土台だ。土台がしっかりしていれば、国は踏みとどまれるんだ。そのためには、強い人間を世に送り出していかなければならない。

教え子たちを「強」く「育」てる、「強育」をしていくためにはどうすればいいいのか。私なりの考えを一冊にまとめてみた。要は、人生における〝強育論〟だ。

教育、指導において大切にしなければいけない言葉や、頭に入れておかなくてはならない言葉が世の中にはたくさんある。しかし、その中には混同してしまいがちな言葉や、似て非なる言葉、あるいは両立させなければいけない言葉なども存在する。本書では、そういった言葉を対比のようにふたつ並べて、私なりの意見や解釈を加えてみた。教育の現場や指導の現場でご苦労されている方々に、参考にしていただければ幸いだ。

目次

第1章　人生

第2章 教育

第3章 野球

第4章 家族

第1章

人生

「ケンカ」と「弱い者いじめ」

私は戦後間もない横浜の街のど真ん中で子どもの頃を過ごした。生まれたのは疎開先の群馬県邑楽郡千代田村というところだったが、群馬には2歳ぐらいまでしかいなかったそうだ。物心ついたときには、もう横浜にいた。自動車の修理業を営むおっかない父・悟郎としっかり者の母・里、私の上には輝夫、恒夫という兄がふたりいて、下には敬子、洋子というふたりの妹がいた。私は5人兄弟の3番目。

兄ふたりの名前「テルオ」「ツネオ」の「オ」は「夫」という字で、私の名前「マサオ」の「オ」は「雄」という字。なぜ私だけ「雄」なのかな? お袋に聞いてみたことはあるんだけど、「みんな名前は違うんだよ」って、それだけで終わった。生まれたときからやんちゃ、わんぱくになるっていうことが、お袋にはわかっていたのかな（笑）。

律儀で正直者で頑固な親父だったが、普段はおとなしいのに酒を飲むとただもう怖かった。高校に入るぐらいまでは、何かあるとしょっちゅう殴られていた。

お袋はいつも間に入ってくれて「でも、お父さんの言ってることは正しいんだから」って、そういう言葉で私を諭してたっけなぁ。

親父によく言われたのは「弱い者と女性には絶対に手を上げたらいかん」ということ。そこから自分が男としてどうあるべきか、みたいなものが私の中に培われてきたんだと思う。

小学校も4、5年生になる頃には、いつの間にか私はガキ大将になっていた。いたずらも悪さも「ケンカ」もたくさんした。何かやらかしては、母親が学校に呼び出されていた。

兄貴はふたりとも、どちらかというとおとなしいほうだったんだけど、どういうわけか私だけが元気いっぱいで、例えば親父が酔っ払いに絡まれたり、兄貴や友だちがいじめにあったりしたときなんか、我慢できずに「俺がやってやる!」と飛び出していた。

兄貴や友だちがいじめられてるのを見たりすると、自分がいじめられてるような気持ちになっちゃって、導火線に火がついてしまうんだ。

ケンカのあと職員室に呼び出されて、先生からご指導のありがたい一発をちょうだいする。

「人のケンカを買って出て、なんで俺がはたかれなきゃいけないんだ」

叱られながら、よくそんなふうに思ったもんだよ（笑）。人のケンカがいつの間にか、自分のケンカになってしまうんだ。

子どもの頃に住んでいた家は横浜のど真ん中にあったんだけど、親父が自動車修理会社を立ち上げたのを機に、私たち家族は同じ横浜市でも、ちょっと引っ込んだ場所へ引っ越すことになった。私が中学2年生の頃だ。7人家族が工場の2階の9畳間に暮らしていた。生活は決して楽ではなかった。

中山中学校へ転校したんだけど、〝その筋〟の連中には私の前の中学校での〝武勇伝〟が伝わっていたらしい。転校3日目、1学年上の先輩たちに呼び出された。

「坊主頭でつっぱってんじゃねぇよ」

ご丁寧なご指導を受けたんだが、こっちは横浜のど真ん中で番を張っていた男・佐々木正雄だ。そんな脅しにひるむわけがない。

「3年だからって、でかいツラすんじゃねぇぞ。ふざけんな、この野郎！」

ハナっから呑んでかかって脅し返したら、向こうがひるんで腰が引けている。そのあとは私の圧勝だった（笑）。

本当は、中学では野球部に入って本格的な野球をやりたかったんだけど、その野球部がなかった。仕方がないので陸上競技部に入り、砲丸投げと円盤投げをやった。ときには女子のソフトボール部に混ぜてもらってボールを追いかけた。大人の草野球チームに入れてもらって野球をやったりもした。

それでもエネルギーが有り余っていたんだね。横浜線沿線に敵なしの番長としてケンカに明け暮れた。いま振り返ればなんともお恥ずかしい若気の至りで、穴があったら入りたい思いだ……。

そんなやんちゃをしていた私にも、何かと目をかけてくれた先生がいた。担任の糸井綾子先生は、優しい感じの音楽の教師だった。

「佐々木君はケンカが強いらしいけど、『弱い者いじめ』は絶対にしないもんね」

糸井先生はニッコリ微笑んで、私にそう言ってくれた。その言葉に、私は救われた。糸井先生は、私のことをちゃんと見ていてくれたんだ。私はケンカは数えきれないほどやってきたけど、弱い者いじめだけは絶対にやらなかった。

高校に進んで甲子園に出場したときには、糸井先生もすごく喜んでくれた。甲子園に出て帰ってきたとき、糸井先生は私を家に招待してくれた。ご主人と息子さんと、みんなで食事をしようということだった。うれしかったなぁ。糸井先生の言葉は、いまでも私の心に強く残っている。

「思想活動」と「学生監督」

横浜第一商業高校（現在の横浜商大高校）のエースとして、夏の甲子園でベスト8を経験した私は、3年間の高校生活を終えて、日本大学法学部に進学した。実は高校生の頃、自分としては早稲田大学に憧れていた。早稲田大学野球部の練習にも、2週間ぐらい参加したことがある。しかし、その当時はまだ妹がふたり学校に通っていて、私の家は何かとお金のかかる時期だった。

恩師である松本武雄先生が家の事情を知っておられて、入学金・授業料全額免除の野球部推薦入学者として、日大への進学を勧めてくださった。

松本先生は当時の横浜第一商業の校長先生で、その後、横浜商大の理事長も務められた方だ。高校時代、私は野球を一生懸命頑張ったが、その一方でケンカのほうにも一生懸命だった。そんな私を、ときには叱り、ときには諭し、厳しく指導してくださったのが松本先生だ。一生の恩人と言っていい。私たち夫婦が結婚したときには、仲人にもなっていただいた。私の人生の節目節目には、いつも松本先生がいてくださったのだ。

その松本先生の勧めで、東都リーグの強豪である日大へと進んだのだが、入ってみると思い描いていたのとは違う状況が待っていた。

私が進学した１９６７年（昭和42年）というのは、いわゆる学生運動の真っ只中だった。日大では、日大全共闘・秋田明大議長が全国の全共闘のリーダーとして君臨し、大学側の不正経理問題もあって、日大紛争の火が燃え盛っていたのだ。入学するなり学校へは立ち入り禁止。授業は中止。野球の練習も思うようにできなくて、それでもリーグ戦は行われていた。

自分の前に大きく立ちはだかるものに対して、私は本能的に「ふざけんじゃねぇよ、この野郎！」と向かっていってしまう性分なんだね。大学を冒瀆《ぼうとく》する左翼のやつらに対峙《たいじ》する立場として、野球よりも「思想活動」のほうを頑張ってしまったんだ。それこそ男気で、いけるところまでいっちゃえ、ぐらいの気持ちだった。

本来ならば、思いきりやれたはずの野球が全然できないという寂しさはあった。野球推薦入学で入った立場なんだから、本当は野球のほうに情熱を注がなければいけないのに、という後ろめたさもあった。

野球部の河内忠吾監督からは、こう言われて叱られた。

「思想活動を取るのか、野球を取るのか。はっきりしなさい。おまえは5人の特待生のうちのひとりとして入学してきたことを忘れてはいかん」

1学年上の先輩でマネージャーだった藤原正敏さん（その後ヤクルト球団営業部長）にも諭された。

「おまえは一体何をしに日大へ来たんだ。野球をしに来たんだろ？　それならいまがどうであれ、野球部に戻ったときの準備だけはしておけよ。それが大切だぞ」

私を思想活動から野球に引き戻してくれたのは、河内監督、藤原先輩、そして同期の内山新次だ。

山梨の日本大学明誠高校出身の内山が「佐々木、うちの母校に野球を教えに来てくれないか」と声を掛けてくれた。藤原先輩もその後押しをしてくれて、河内監督の命令により、私は大学生という立場のまま、日大明誠高校野球部を指導することになった。

全額免除の野球推薦入学者なのに、野球をまともにやらなかった落とし前として、河内監督からぶっ飛ばされた。でも、河内監督から山梨へ行けと送り出すように言われて、太陽が一気に昇っていくような気がした。うれしかったんだ。そこが野球指導者としての私の原点。大学3年生、21歳のときだった。

日大明誠は、山梨県上野原市にある。当時はまだ上野原町と言った。いまでこそ、東京駅からも直通の快速電車が行くようになったそうだが、私が高校野球の指導を始めた頃は寂しいところだった。

当時、学校ができてまだ10年足らずだった。学校創立と同時に野球部もできたらしい。野球部のグラウンドは、私が指導に行く5年ぐらい前にできた。私は最初のうちはコーチという肩書だったが、当時の監督が途中で辞めたため、大学生の立場で監督に就任することとなった。いわゆる「学生監督」ってやつだ。

横浜第一商業で高校野球をやっていた私からすると、日大明誠の子たちはまるっきり物足りなかった。なんとなく野球が好きだから放課後に集まって野球をやって、気が済んだら練習終わり、みたいな活動内容だった。

やるからには強くしたかったので、私はその気になって指導に熱を入れた。横浜第一商業でやってきた野球しか知らなかったから、その野球を貫いた。厳しく指導したので野球部を辞めてしまった者もいたが、山梨県内ではだんだん強くなり、大会ではベスト8、ベスト4が当たり前のチームになっていった。

当時、野球部部長だった塚田正敬先生には本当にお世話になった。「私は監督です」なんて言って、その気になっていたら古い先生から嫌味を言われてしまう。他の部には監督なんていないのに、野球部だけ特別に監督がいるのはどういうことだと。だから、塚田先生は苦労したんじゃないかな。そういう部分では私もきつい思い、つらい思いもした。

大学の授業に出て、高校の監督もやるというのはきつかった。指導に夢中になればなるほどきつかった。それでもやり通したのは使命感だね。1回戦負けだったチームがベスト4まで進んだときは「ピンク旋風」なんて言われて注目された。アンダーシャツが日大カラーのピンクだったからね。

当時の高校野球っていうと、長い練習が当たり前だったけど、私は長い練習が好きじゃなかったから全体練習は短めだった。短い時間で集中してバーッと練習する。大学の監督になってからも、だらだら長時間練習することはなかった。

夜寝るときに、今日の練習内容や選手たちの動きはどうだったかなって考えて、思いついたこと、忘れちゃいけないことがあるときは、起きてメモを取ってからもう一度寝るようにした。

学校のこと、山梨という土地のこと、私は何もわからなかったが、同期の内山はいろいろ力になってくれた。日大野球部の仲間が手伝いに来てくれることが、1週間で唯一の楽しみだった。土曜日に来て練習に参加してくれて、日曜の朝一番で帰っていくんだ。

その頃には、いまの女房が1週間に一回、山梨まで来てくれるようになったのかな。洗濯してくれたり掃除してくれたり。朝早く来て、もう夕方にはいないわけだから、大変だったろうね。それが毎週。女房もやることがあるから、ほとんどすれ違いだった。まぁ女房とは、大学の監督になってからも、すれ違いばっかりだったんだけどね（笑）。

「監督」と「商売」

学生監督、そして卒業してからの計7年間、私は日大明誠の監督を務めた。ひと区切りして横浜に戻ってきた私は、サラリーマンをしていた。結婚もして子どもも生まれていた頃、恩師である松本武雄先生から大学の監督をやってほしいというお話をいただいた。あれは私が32歳になる年だから、１９８０年（昭和55年）のことだった。

「佐々木、横浜商大の野球部の面倒を見てくれないか。最初はコーチの肩書だが、いずれは『監督』として長く学生たちを見てあげてほしいんだ」

母校・横浜第一商業は横浜商大の附属校になって「横浜商大高校」と校名変更していた。松本先生は、横浜商大と附属高校を運営している学校法人の理事長を務めておられた。

「佐々木の性格はわかっている。監督をするなら大学職員になるのが普通だが、何か起こして大学に迷惑がかかっちゃいけない。だから『商売』を始めなさい」

松本先生はそうおっしゃって、ご自分の名刺300枚にこんなふうに書き添えて、実印まで押してくださった。

『この者は私が可愛がっている卒業生です。商売を始めます。どうかお見知りおきください』

「これを持って営業に回りなさい。そして2年間で、これからの生活の基盤を作りなさい。女房と一緒にな」

これだけの枚数の名刺すべてに一筆添えるのに、一体、どれだけの時間がかかったことだろう……。

私は、そのありがたい名刺を受け取った。

その後、商売を始めるときに松本先生から言われた言葉も、私の心にいまも深く残っている。

「謙虚にやれよ。頭《こうべ》を垂れろよ。おまえは見た目と中身が違うんだ。そのほうが商売には都合がいいんだ」

また、松本先生はこうも言われた。

「人の気持ちは現場にある。現場にいる人の気持ちを理解するように」

私は、松本先生から大学の指導者にならないかと声を掛けていただき、すぐに横浜商大野球部のコーチを引き受けることに決めた。当時、監督の方は別におられたのだが校務が忙しく、コーチだった私が学生たちの指導のほとんどを任されていた。同時に始めたスポーツ用品店という未知の分野でも、2年ほどが過ぎると、なんとか商売も軌道に乗っていった。

片足を突っ込んだ程度の関わり方でも、部員が200人ぐらいいて歴史も伝統も学生球界屈指の日大野球部にいた私から見れば、横浜商大の野球部は同好会みたいなものだった。当時、部員は30人ぐらいだっただろうか。神奈川大学野球リーグの2部に所属していた。「どうせ俺たちなんか……」という卑屈な心が普段の生活にも表れていた。やんちゃな者もいて、ビンタを食らわしたことは一度や二度ではない。

いまでこそ、日本中の大学、社会人チームからオープン戦の依頼をいただけるようになったが、最初の頃は「横浜商大？　そんな大学あるのか？　聞いたことないなぁ」というような扱いをされていた。

私がコーチを始めて3年目の1983年（昭和58年）に、神奈川大学野球リーグの1部に昇格した。その2年後、1985年（昭和60年）の春のリーグ戦から、私は正式に監督として指揮を執ることになった。初めてリーグ優勝を達成したのは1990年（平成2年）の春だった。

大学野球部の監督をしながら、スポーツ用品店の経営者もやっていたので、足元を見てくる人もいた。高校野球の監督をやっている人に「うちのこの選手を横浜商大に行かせてあげるから、もっと安くしてくれないかな」みたいなことを言われたこともある。

でも、それはやっちゃダメだ。監督としても商売人としても、スケベ根性を出したくなることはあるんだけど、そこは我慢。そういうことをやってると信用されない。商売っていうのは、信用されれば自然と売り上げは上がるものなんだ。

昔、高校野球の監督をやりながらスポーツ用品店を経営していた人が、人のお金と自分のお金を分けられなくなって、信用を失ってしまったのを知っている。学生野球の監督をやりながらスポーツ用品店の経営をするわけだから、お客さんも同じ世界の人間だ。でもね、だからって馴れ合いの「なあなあ」になっちゃいけない。お客さんにお店に来てもらうのを待ってるような、そんな上品な商売じゃあない。

こっちから営業に行く、売りに行く商売なんだ。

松本先生には、こんなことも言われた。

「佐々木は甲子園に出て顔が売れているんだから、営業に行くほうが向いているだろう」

でも、甲子園に出たことは、商売にはあまり関係なかった。あの頃のテレビ中継って、いまみたいに顔がはっきり映るわけじゃなかったからね。

商売においても、指導においても、私は人を裏切らないこと、嘘をつかないことを信念にして、それを貫いてきた。売っているのはどこのお店も同じボールだ。ならば、どこで差を作り出すのか。少々の値引きをしたところで、喜んでもらえるのはそのときだけだ。

すぐに運ぶこと、少しの注文でも動くこと。遠くでも喜んで足を運ぶこと。注文をいただいたら「ありがとうございました」と心から感謝してお礼を述べること。

心からありがたいと思ったら、頭の下げ方も違ってくるものなんだ。

監督になって初めて全日本大学野球選手権に出場することになった1990年（平成2年）の春、日大時代の恩師・河内忠吾監督が『ドジャースの戦法』という本を持って1週間毎日、横浜商大のグラウンドに指導に来てくれた。

河内監督は現役時代、小山高校（栃木）、日本大学、社会人野球の熊谷組で投手として活躍した。大学生のときには3度リーグ優勝に貢献し、東都大学野球リーグ初の完全試合も達成したすごい人だ。プロ野球の大阪タイガース（現阪神タイガース）でもプレーした経験がある。日大の監督としてもリーグ優勝4度、全日本大学野球選手権優勝1度、明治神宮大会優勝1度の実績を持つ。

河内監督を世田谷区砧のご自宅まで車で送り迎えしたのだが、その車中でも全国大会に臨む監督の心構えなど、勉強になる話をいろいろ聞かせていただいた。河内監督には、卒業したあともいろいろとお世話になったんだ。

野球部には100人近くの部員がいて、みんなそれぞれ生まれも違うし育った土地も違う。家族も違うし、態度も目つきも話し方もみんな違う。それを束ねて率いていかなければいけないわけだ。

監督は、ひとりでいろいろな役回りをやらないといけない。先生の役割もあるし、医者の役割もある。それも身体の医者と心の医者、両方だ。ときには看護師さんにならなきゃいけないこともある。役者、弁護士、裁判官に身の上相談、進路相談、お巡りさんの役割もしなきゃいけないときだってある。

でもね、やっぱり人間っていうのは、自分で調べたり考えたりするだけじゃ間に合わないことがある。間に合わないときにはどうしたらいいのか。準備、対応、危機管理じゃないけど、そうしたって間に合わない場合もある。そんなときはどうするのか。人に頼むしかないだろう。人に話す。専門家に相談に乗ってもらう。だから、私には友だちが多いんだ。

学生がトラブルを起こしてしまい、監督である私の器量でなんとか乗り切らなきゃいけない。そんなときに助けてくれたのは、異業種の友だちや、社会へ巣立っていった教え子たちだった。彼らがどれだけ面倒を見てくれたことか。どれだけ力になってくれたことか。何かあったときには身近にいてくれて、ヒントを与えてくれたり知恵を授けてくれたりした。学生たちの就職先だって、いろんな人が力を貸してくれたおかげなんだ。

ある人に、こんなことを言われたことがある。

「勝つことより人間形成のほうが大事だと、おまえが言っていることはよくわかる。おまえの教え子はいろんなところに就職しているじゃないか。おまえは本当にバラエティーに富んでいるよな」

人生で一番大切にしなきゃいけないもの、それは人なんだよ。

自分のために生きるのか、お世話になったこの人に恩返しをするために生きるのか……。

はじめのうちは自分のためにと思って生きていた。

でも、いまは違う。

「喜び」と「苦しみ」

「喜び」があったときには、そのあと必ず「苦しみ」がある。もっと平たく言ったら、良いことがあったら必ず悪いことがある。悪いことが続いたら良いことがある。苦しみがあるときには「自分がやってきたことは間違いだったのかな。なぜだろう?」って考えなきゃいけない。

この繰り返し。それが人生だ。

喜びばかりを求めていてはいけないんだ。喜びがあれば、苦しみもある、苦しみのあとには喜びがやってくる。

「準備」「対応」という言葉があるじゃない。いま、良いことが起きてるけど、これはずっと続くかな？　いやいや、続かないだろうと。苦しみがやってくるに違いない。これからやってくるであろう苦しみに対して「準備」をしておくべきだし、苦しみが来たときには「対応」しなければいけないんだ。

良い話のあとには悪い話があるぞ。悪い話のあとには、絶対に良い話があるぞ。そう思って、そこから逃げないことだ。そういう心構えでいたら、悪いことが起きたときでも受け入れられるよね。

逃げないでやってきたことが、私にとっては大きなプラスになっている。逃げない、隠れない。商売で40年近く我慢してきた。

聖人君子だろうが何だろうが、悩みはみんな持っているんだ。でも、友だちを数多く持ったら、いろんな相談に行くことができる。私はいつもそう思っている。他業界の友だちをたくさん持つこと、これが大事なことなんだ。

尊敬する藤木幸夫会長（神奈川県野球協議会会長）に「佐々木君には、良い友だちが多いなぁ」と言われたことがある。その通りだと思う。私は友だちには本当に恵まれてるね。商売をやっていてすごくわかる。

監督を退任したときの「感謝の集い」（2019年1月20日／新横浜プリンスホテル）には、王貞治さん、原辰徳さん、梨田昌孝さん、中畑清さん、和田豊さん、三浦大輔さんらプロ野球の監督経験者をはじめ、斎藤佑樹さんや、アマチュアでは私が「親父」と師事する駒澤大学の太田誠さん、ソウルオリンピックで日本代表監督も務められた鈴木義信さん、全日本大学野球連盟常務理事・事務局長の内藤雅之さんほか、約1200人もの方々に出席していただいた。私は本当に幸せ者だ。

松本武雄先生が自分にとって人生の「父親」ならば、藤木幸夫会長は人生の「師」になる。

藤木会長は、横浜港の港湾物流分野で幅広い事業を展開する藤木企業株式会社の会長さんだ。

神奈川県野球協議会というのは、神奈川県の少年野球から社会人野球までを統括して、その発展を後援、支援する団体だ。藤木会長はその会長も務めておられる。神奈川県が日本でも有数の野球が盛んな県になったのも、藤木会長の尽力のおかげだと言える。

藤木会長は男らしくて決断力があって、人を見る目もあって、とにかくすごい人だ。横浜の港を仕切っているというか、日本中の港を仕切っていて、政治の世界にも大きな影響力を持っている。カジノに横浜の街が汚されようとしているのを、身体を張って守ろうともしている。

義理、人情、恩返し、それらをさりげなく実践していらっしゃる。そして、野球をこよなく愛してくださってもいる。また、チビッ子たちをすごく大切にされる方でもある。

初めて藤木会長にお会いしたのは、たしか松本先生に紹介されてだったんだけど、それがいつだったのか、どんな話をしたのか、不思議なことに覚えていないんだ。

世の中にはいろんな考え方を持った人がいるのは当然なんだけど、藤木会長のことを悪く言うやつがいると、カッと頭に血が上ってしまう。

自分の命を張っても構わないと思える人、それが藤木会長なんだ。

「その気になるな」

「人間、おごっちゃダメだ」

「能ある鷹は爪を隠す」
「実るほど頭《こうべ》を垂れる稲穂かな」
「雅兄《がけい》」

私は、こういった藤木会長のお言葉の数々を胸に刻み、言葉だけではなく行動をもって、謙虚な気持ちを忘れないようその後の生き方や学生たちの指導にも生かしてきた。

藤木会長が発する言葉には、これまでに積み重ねてきた人生の年輪や重みを感じる。ご自身の経験・体験を踏まえ、物事を深く掘り下げて考えていらっしゃるからだ。私がいつも言う「実践理論」だね。藤木会長からは、人としての在り方、心の大切さ、中身の重要性など、人生における真髄を教えていただいた。これまでのご指導には、深く感謝している。

藤木会長とは、もう50年以上もお付き合いをさせていただいているが、いまでも会えばめちゃくちゃ緊張する方でもある。藤木会長に認めてもらいたい、見損なわれたくない、そんな気持ちや緊張感が私の中にあるんだね。

そもそも、私はいろんな方々に会う前に「緊張」することで身を引き締める。藤木会長はじめ、長嶋茂雄さん、王貞治さん、星野仙一さん、原辰徳さん、太田誠さん、鈴木義信さんなど偉大な方々とお知り合いになれる第一歩は緊張すること。「失礼のないように」という気持ちがあるからこそ、認めていただける。

それが、人から信頼されること、頼られることにつながっていくんじゃないかな。持つべきものは、「金」ではなく、「人」なんだからね。

全日本大学野球連盟の内藤雅之事務局長も、そういった「人」のひとりだ。正義の気持ちが強く、とても正直で男として信頼できる。内藤さんとは、末永くお付き合いしたいと思っている。

また、今回私が本を出すにあたって、鈴木義信さんからは次のようなお言葉をいただいた。

「佐々木さんには、生涯忘れえない思いがある。2021年東京オリンピックの野球会場は、主として横浜スタジアムで開催されたが、当時の私はJOC理事、全日本野球協会副会長として球場探しに奔走していた。神奈川県野球協議会の藤木幸夫会長の元に何度も足を運んで懇請して最終決定したが、佐々木さんのバックアップがなければ実現しなかった。その結果、日本代表チームが金メダルを獲得したことには感慨深いものがあり、改めて藤木会長、佐々木さんには深く感謝を申し上げたい」
鈴木義信さんというのは、こういうさりげない心配りのできる方なんだ。ありがたいことだよね。

「謙虚」と「卑屈」

横浜第一商業3年の夏、甲子園大会に出場してベスト8まで勝ち進み、横浜に帰ってきた私は肩で風を切って歩いていた。傲慢《ごうまん》の塊だね。気づいたら、自分のまわりには友だちは誰もいなくなっていた。履き違え、勘違い、自惚《うぬぼ》れ、いま考えれば私はどうしようもないバカだった。「謙虚」であること。いまでも私はこれを強く意識している。

謙虚であることは人として大切なことだけど、「卑屈」になるのは良くない。謙虚と卑屈は、紙一重なんだ。

「おまえ、力が入りすぎてるんじゃないの？」

「そこまで思うことないんじゃない？」

「それ以上、ややこしくする必要ないんじゃないか？」

「シンプルにいったらいいじゃん」

相手が卑屈になってるなぁと思ったら、私はそんなふうに声を掛けている。

はっきり言って、人間というのは、言いたいことを言えるようにならないとダメだよ。思っていること、本当の自分をさらけ出すことが必要なんだ。

もちろん、自分の言いたいことばっかり言ってるんじゃダメだ。相手の言うこともちゃんと聞いたうえで、自分の思っていることをきちんと伝える。

「萎縮」という言葉もあるけど、それと「卑屈」とは本質的に意味が違う。

「僕なんか何もできないです」って毎回言うやつと「俺はすごいんだ」って言うやつ。どっちも良くない。等身大がいいんだ。本当にできるやつは、そういうことを言わないからね。能ある鷹は爪を隠すってこと。

己を知る、自分の器を知る、自分の実力を知るというのは大事なことだ。

でも、自分の本当の顔を自分では決して見ることができないように、自分が他人からどのように思われているのかというのは、自分ではなかなか測れないものなのんだ。そこで、人の言うことに耳を傾けることが必要になってくる。中には耳の痛くなることもあるだろうけど、人が言ってくれることにしっかり耳を傾けて心を開くことによって、自分を客観的に見ることができるんだ。

そうすれば、自分自身では気づかなかった部分、勘違いしていた部分が見えてくる。それを受け入れることが、謙虚になることの肝になるんだ。

人間というのは、謙虚になり素直になると、当たり前のことが当たり前にできるようになる。自分の本当の姿というか本当の大きさというか、そういうものが見えてくることで気持ちが落ち着くのかもしれないね。

まず人の話を聞くことが大事だ。自分で気づくことができないことを、まわりが指摘してくれることをありがたいと思わなければいけないよね。

「自信」と「過信」

「自信」というのは、いろんなことを自分自身で実践、体験して、そこから生まれてくるもの。この世に、最初から自信を持って生まれてくる人なんかいない。自信は積み重ねで作り上げるものなんだ。

生きていくうえで自信を持つことは大事だけど、「過信」はいけない。でもね、自分をコントロールできる人間は、過信と自信とをきちんと使い分けている。

「俺はこういうことを成し遂げたんだ」

「俺はこれを全部作り上げたんだ」

「次はこんなことをやってやる」

ビッグマウス、大きなことを言うことによって自分にもプレッシャーをかける。自分では「自信」だと思っていても、それが「過信」「自惚れ」「勘違い」だってこともある。自惚れ＝勘違い、履き違えなんだよ。これはまるっきりダメ。主体性がないから勘違いするんだ。そうなっちゃうと手がつけられなくなる。そんな生き方、最悪だ。自分で気づかないうちに評判を落としているんだ。

意見してくれる人がまわりにいなかったということもあるんだろうし、自分がそういう人を排除してきたということもあるだろう。

自分に厳しいことを言ってくれる人がいないということは、自分のまわりにレベルの低いやつしかいないということだ。付き合う人間に利己主義なやつが多いんだよ。自分さえよけりゃいいんだから。「余計なことを言うなよ」。それでごまかしながら生きている。ろくな人間じゃないよ。

そういうやつに限って理屈っぽくて、物事を難しくややこしくする（笑）。世間知らずだね。醜いし、本当に軽蔑する。事を難しくするのが頭がいい、ぐらいに思っているんだろうけど違うよね。それに気づかないんだ。そういうやつって世の中には多いよ。

いろんな人がいて、この世の中は成り立っているから、一概にこうです、ああですとは言えない。ただ、やっぱり、お互いにとってプラスになることだから、言いにくいことでも言わなきゃいけないよね。

「結果」と「経過」

「結果」と「経過」のどっちが大事かと聞かれることがある。

結果というのは、目に見えてわかっているもの。どうのこうの言わなくても、結果っていうのは出ているんだから。

より大事なのは経過＝プロセスなんだよ。

「延長で引っくり返されて負けました」

「展開と点数はどうだった？」

「3対3の同点に追い付かれてタイブレークに入りましたが、その後2点取られてやられました」

「いいじゃないか。いい試合だったなぁ」

結果は自信になるかもしれないけど、大事なのは経過。経過を本当に意識して場数を踏めたかどうかなんだ。結果云々《うんぬん》じゃない。

例えば、良くないプロセスを踏んでいるのに、たまたま良い結果が出た。勝てた。そういうときは、なんでそういう結果になったのかを考えなきゃいけない。

「今回の勝ちはたまたま、フロックだな。でも、これをきっかけにして、真の力をつけなければ」

そういう気づきや謙虚さを大切にしなきゃいけないんだ。たまたまいい結果が出たことに喜んでいるようでは、そこに勘違いや履き違えが生まれてくる。

でもね、学生に自信や勇気を持たせるために「勘違い、履き違えしてもいいから行ってこい」って行かせることもあるんだ。

「全部俺が責任を取るから、やりたいことをやってこい」

そう言ってほっぽり出してやったら、本来の力以上のものを発揮することがある。だから、私はそういう言い方をする。私はこんなふうに、未知な部分を試してみること、開拓するようなことが好きなんだ。

「佐々木さんは狩猟民族ですね」

そんなことを言われたこともあるけど、私は農耕民族でも狩猟民族でも、両方対応できるんじゃないかと思っている。

横浜高校野球部の元監督・渡辺元智さんの言葉に「人生の勝利者たれ」というのがある。

「勝利者」っていうのは継続的なもの、「ing」がついたものだと私は解釈している。

「勝者」っていうのはそのとき、試合に勝った者のこと。

渡辺さんは、目の前の勝ち負けだけではなく、人生を勝ち続けられる人間を目指してほしいということを言ってるんだろう。シンプルさの中に広がりのある言葉だし、きれいな言葉だとも思う。

でも私は、勝ちという結果よりも、経過＝プロセスを強く意識する。負けるときも、私は「負け方」を気にする。負けたプロセスも、しっかり分析しなきゃいけない。僅差での負けを経験すると力はつく。そこには、もうちょっとで勝てたという自信と、勝てたかもしれない試合を落としたという悔しさがあるから。負けによって得られるものは多いんだよ。

「知識」と「知恵」

「知識」というのは、積み重ねで形成されるもの。

「知恵」というのは、生まれ持ったものが主体になってくる。

知恵と知識は、重なり合って一緒に走っていくケースもある。

知恵というのは、ここ一番のときに大事なものだから、知恵を身につけて持続していくのは大切なことだ。知識は積み重ねていくもの。引いたり足したり、倍づけにしたりして、自分の中に積み重ねていくものだ。

知識ばかりで頭でっかちの人間になってはいけない。野球において言えば、知識だけで試合に勝てるほど甘いものじゃないんだ。

何か問題が起こった。漠然と考えていても、問題のまわりをぐるぐる回っているだけで、なかなか解決策が見つからない。思考を前に進めたかったら、具体的に考えないといけない。

学生には、状況を具体的に見つめて、問題点を人に説明できる人間になってほしい。そうじゃないと、誰も相談には乗ってくれない。

学生たちには、そういう思考回路を持った人間になってほしいと思って指導をしてきた。ただ「頑張る」。そんな掛け声ばかりじゃダメなんだ。

チームメイトに信頼される人間になろうと思ったら、そのために具体的に何をしなければいけないのか。そういう「知恵」の部分を教えるのが監督の仕事だと思ってやってきた。

いざというときに、知恵を使える人間になってほしい。私がよく言う「実践理論」っていうのは、これなんだ。観念で理屈だけをこね回している人間は、本当の意味での信頼は得られない。

知識だけじゃなくて、面白みがある人間になってほしい。面白みっていうのは知識からくるものじゃなく、知恵というかひらめきに近いものがある。

野球に関して言えば、覚えたことを忠実に実行していけば知識は絶対についてくる。でもね、知識、知識って、自分から知識ばかりを追い求めるのもちょっと違うと私は思うんだ。それじゃあ、頭でっかち尻すぼみになっちゃうよ。だから、体験、経験を積み重ねることで物事を知っていけばいいってこと。

極論を言えば、先生に例えたら、知識なんてなくたって子どもたちを教えられるんだ。愛情を持って、その子をなんとかしたい気持ちを持っていたら、指導、教育はできる。

「悪知恵」って言葉があるけど、これは読んで字のごとくだね。人をだます、人に迷惑をかけるようなことは知恵とは言わない。単なる悪知恵だよ。

悪知恵を働かせて、人に迷惑をかけるやつは最悪だ。

人に迷惑をかける、かけないっていうラインが私にとってはすごく大事なんだ。

人に迷惑をかけたり、人を引きずり降ろしたりしていい格好したって、そこに納得感、満足感はないに決まってるだろう。

「本能」と「理性」

「本能」っていうのは、人間としてというより、動物として我々がもともと持っているものだよね。

「理性」に対して本能は、「動物的本能」みたいに、レベルが低くて野蛮なように受け止められちゃうこともあるんだけど、生きていくうえで本能ってのは大事なものなんだよ。

例えば、私の目の前で家族や友だちの身に何かが起こったとする。そうしたら、家族や友だちを守るためにすぐ動かなきゃいけないだろう。そりゃあもう、本能で動くね。理性が働いてどうのこうのとか、そんな悠長なことを言ってる時間なんてない。即座に本能で動く。

親御さんたちから預かっている大事な学生が、何らかのトラブルに巻き込まれたときだってそうだ。そこで「ちょっと1週間ほど考える時間をください」なんて言ってたら、事態は良くなるどころか、どんどん悪い方向に進んじゃうだろう。

「防衛本能」「闘争本能」っていうのが、本来人間には備わっているものなんだ。

理性は、本能や欲にブレーキをかけるもの。欲は必要なものでもあるんだけど、欲ばっかりあって理性がなくなったら、何でもありの世界になっちゃう。それじゃダメだよね。

欲には、食欲もあれば性欲もあれば、出世欲というものもある。欲は持っていなかったらダメだよ。生きていくうえで、欲があるのは当然のことだし必要なもの。人間として持っていて当たり前なものだと思う。

出世欲だってそう。それが変な方向ではなく、いい方向に流れていけばいいだけの話なんだから。

欲がなければ、人間は向上していかない。でも、そこに抑止力が働かないといけない部分もある。要は、ブレーキとアクセルの両方をちゃんと備えていないといけないってこと。

あんまりきっちりしすぎるのも良くないと思う。車のハンドルに「遊び」があるように、人間にも多少のゆとり、遊びが必要なんだよ。ただし、遊びがありすぎるのも危険だし、ボルトを締めすぎても緩みすぎても事故につながっちゃうよね。人生すべてにおいて、バランスが大事ってことだよ。

「男らしさ」と「女らしさ」

男女平等、ジェンダー、ＬＧＢＴなんたらかんたら……いまどきは「男性」と「女性」だけではなく、いろいろな概念が言われるようになってきて、性に関する考え方も多様化してきているようだ。

でもね、いまの時代でも、私は「男らしさ」「女らしさ」というのは大切なものだと思うんだ。「らしさ」っていうのは持ち続けなきゃいけないと思う。

男性のほうが偉いとか、女性を見下しているとか、そういうことじゃない。女性の良さがわかっているからこそ、そう思うんだ。女性には、男性にはない女性の良さがある。男性には、女性にはない男性の良さがある。「らしさ」＝「良さ」だよ。誰が見ても気持ちのいい、心が晴れる、その人の本当の心の良さ。男性も女性も、それぞれがお互いにはない「良さ」を持っているんだ。それを持ち続けることって、大事なことなんじゃないかな。

例えば「子どもらしい」って言葉もあるけど、幼い子どもは素直さや無邪気さ、あどけなさ、明るさなどの「童心」や「子どもらしさ」を持っているから可愛いわけ。やっぱり「らしさ」っていうのは大事なものなんだよ。

女性に関して「らしさ」って言うと、「色気」という受け取り方をする人がいる。違うんだよ。「恥じらい」なんだよ。「女性らしさ」「女らしさ」っていうのは「恥じらい」なんだ。

では「男性らしさ」「男らしさ」っていうのは何か？

すかっとしていること、歯切れの良いこと、潔いこと、そして勇気。つまり逃げずに戦うってこと。そういうところじゃないかな。

火事になりました。逃げ遅れている者がいる。消防士の方が人を助けるために炎の中に飛び込んでいく。それは職業云々じゃない。男として、人として、責務として、勇気というものを自分自身で呼び起こしているわけだから。

男はみんな消防士になれと言ってるわけじゃない。問題が起きたら、その問題から逃げずに飛び込んでいって、解決するために全力を尽くして戦う。そういうところに私は男らしさを感じるし、自分が指導している学生たちにはそういう人間になってほしいと思っているんだ。

男らしさ、女らしさ、それはやっぱりそれぞれに持っていてほしい。「らしさ」っていうのは意識して出てくるものじゃない。自然とにじみ出てくるものなんだ。

「さりげなさ」と「わざとらしさ」

人に対しては、やっぱりさりげなくあたっていきたいよね。それも自然体で。「さりげなさ」には、相手に対しての気づかいもあるんだ。

さりげないということは、嫌味がないということ。繕いがない。見返りを求めない。さりげなく人に何かをしてあげられれば、相手に負担もかけない。

「わざとらしさ」のある人間っていうのは、簡単なことを難しくするんだ。自己主張して目立とうとする。いやらしいというか、見苦しいよね。

例えば、私のところに来てくれるとき、わざとらしいやつは「わざわざ会いに来ましたよ」ってアピールしてくる。そういうタイプの人間、結構いるんだよ。

私をごまかそうとして来てるんだろうなと思いながら、でも釘を刺しておかなきゃいけないなと、そういう思いが働くこともあるよ。

そういうんじゃなくて、「近くまで来たんで、ちょっと顔を見たくて寄らせてもらいました」っていう入りのほうが、相手に負担を与えなくていいよね。来る前に電話一本入れてくれたら、なおありがたい。

そうやってさりげない感じで会いに来てくれて、いろいろ話しているうちに「近くまで来たんで」とは言ってたけど、この人は今日、実は私に会うために来てくれたんだなとわかることがある。そういうときはうれしいよね。

自分も、そういうふうにさりげない気づかいができる人間、臨機応変に対応できる人間でありたいし、教え子たちにもそういう人間になってほしい。なかなかそんなにうまくはいかないんだけどね。

「良い嘘」と「悪い嘘」

嘘をつくのはもちろん良くないことだけど、嘘の中にも「良い嘘」と「悪い嘘」がある。

あえて使うのが、良い嘘だと思う。

素質はあるのに、気持ちが弱くてなかなか結果を出せない人間を乗せるためについた嘘だったり、誰かを救うためについた嘘だったり。その結果、彼らの置かれた状況が良くなれば「嘘も方便」になる。

うちの野球部は基本的にアルバイト禁止なんだけど、事情があって先に申し出てくれればアルバイトを許可することもある。あるとき、申し出をせずにこっそり居酒屋でアルバイトをしていた学生がいた。でも、そんなことをやってたら、すぐにばれちゃうものなんだよね。先生がその居酒屋に飲みに来たらしいんだ。

その学生は、親父さんが早くに亡くなり、お袋さんが女手ひとつで育ててくれた。

お袋さんが授業料を払いきれなくなってしまったので、自分もアルバイトをしてお金を稼がなきゃいけなくなったという。

私はその学生を呼び出した。「なぜアルバイトをやった?」じゃない。問題は「なぜ申し出ができないんだ?」ということ。野球部の決まり事を破ったわけだから一発ビンタして、それで終わり。そういう事情があるならば、先に申し出をしておけばいいだけなんだ。

「夜、あんまり遅くならないようにな」

「酔っ払いもいるから気をつけろよ」

もし私が100億円ぐらい持っていたら、授業料ぐらい貸してあげるんだけどなぁ(笑)。

人間関係においても、ある人のことを「ちょっと知ってる」だけなのに、「言葉のキャッチボールを何度もしたことがある」と言う人もいる。「ちょっと知ってる人」「話したことがある人」と「言葉のキャッチボールを何度もしたことがある人」とは全然違う。自分を良く見せる、大きく見せるために、そんな小さな嘘をつく人間は信用されない。事実に基づいた話をするから、そこに信頼関係が生まれてくるんだ。

嘘をついてはいけない。嘘をついたら何にもならない。自分をごまかしたり、他人をだましたりするための嘘は絶対にダメだ。人としてそれをやってはいけない。

もし、嘘をついてしまった場合は、素直に認めて謝ることが大事だ。やっぱりお天道様さまが見ている。自分に正直に生きなさいということだよ。

「思い」と「想い」

「思い」は、思い考えること全般。

「想い」は、とくに心の中で想いを浮かべるときに、この字を使うんじゃないのかな……。

「思」のほうは「田」んぼの下に「心」と書く。稲穂からきているんだろうか？

風、雨、雪、台風……いろいろな自然災害を乗り越えて、日本人が主食としているお米ができる。

実るほど頭《こうべ》を垂れる稲穂かな。

稲穂は、成長していいお米になればなるほど謙虚になる。美味しいお米だよ、食べてくださいよと。

私は、この「思」という字をそういうふうに解釈したいと思っている。だから、それが「思い」なんだよ。日本人が大事にしているものに対する思い。

「想」のほうは何だろうか?

私は「想い懐かしむこと」だと思う。

「想」には相手の「相」という字があって、その下に「心」だ。相手のことを想う心、相手のことを想いやる気持ちを表しているんじゃないだろうか。

私の思いつき云々ではないんだ。日本語の漢字っていうのは、その状態を表すことを文字にしているんだから。昔の人たちが実際に体験、経験したことから、それぞれの文字に思い、想いも込められて、日本語はここまで進化してきたんだ。

そういう見方、思い方をしたら、昔の人への敬意や感謝も生まれるし、自分たちが使っている言葉にもっと説得力、納得力が出てくるんじゃないかと私は思う。

「戦う」と「闘う」

人生は戦いの連続だ。「たたかう」には「戦う」と「闘う」の漢字がある。

戦うのほうは、みんなと力を合わせて相手と戦うこと。野球で言えばチームで戦うということだし、ビジネスで言えば会社や組織として戦うということ。

闘うのほうは、ひとりで相手と闘うこと。「闘病」って言うでしょ。自分がひとりで病と闘う。ボクシングのことを「拳闘」とも言うけど、これだって拳ひとつで一対一の勝負をするわけだから。

私は、そういうふうに使い分けている。

「たたかう」と「争う」。これも似ているようでまるっきり違う。争うのほうが、よりケンカの色合いが濃くなる。「抗争」という言葉もあるよね。良いとか悪いとか、そういうことではない。「レギュラーを争う」という言葉もあるわけだから。

ルールのあるケンカもあれば、自分から意図的に仕掛けるケンカもある。

横浜商大の監督を務めて30年の節目の年に近づいたあるとき、大学が野球部の廃部を言いはじめた。数千万円にのぼる野球部の年間予算を削り、野球部のグラウンドを売却することで、苦しい学校経営の負担を軽くしたいというのが大学側の言い分だった。

野球というスポーツには、たくさんの道具が必要だ。ボールは部が用意しなければいけないし、バットもある程度は用意して、ユニフォーム、ヘルメット、キャッチャー道具一式……。学生個人でも、グラブやバットを買わなきゃいけない。グラウンドや合宿所を維持し、遠征やらキャンプやらにもお金がかかる。連盟に払う分担金というのもある。本格的な強化を行っている大学なら、年間の運営予算は千万単位になる。

そのときの1年生が卒業するまでの活動は認めるが、次年度以降は野球部に新入生を受け入れない。4年後をめどに廃部するということを大学側から言われた。

少子化の影響を受けて、大学の経営が苦しいということは聞いていた。しかし、それがどうして野球部の廃部につながるのか。

冗談じゃねぇよ！

野球部の新入部員受け入れ停止がもし報道なんかされたら、大学の苦しい状況を世間にさらしてしまうことになる。そんな経営の危ない大学には、学生がますます入ってこなくなるだろう。

この廃部騒動には、とある経営コンサルティング会社が絡んでいた。

野球部を廃部しただけで大学の経営を立て直せるわけはないんだが、大学の中で存在感が大きく、経費も使っている野球部をつぶしてしまえば、そのあとのリストラもやりやすくなるとでも考えたのかもしれない。

野球は、日本でナンバーワンの人気スポーツだ。学生スポーツの中でも、大学野球はメディアに取り上げられる頻度が高いほうだ。選手がドラフトで指名されてプロ入りとなると、必ず選手名のあとに「(横浜商科大学)」と入って報道される。

横浜商大野球部が所属する神奈川大学野球リーグは、神奈川新聞社が後援してくれているのでリーグ戦の結果は記事になり、開幕前には大きな特集記事も新聞紙面に掲載される。12月になれば、翌春入学してくる新入生のスポーツ推薦合格者一覧表が、スポーツ新聞や神奈川新聞に掲載される。

さらには、社会人野球の全国大会である都市対抗野球。社会人で頑張っている野球部ＯＢが出場すると、東京ドームで試合中に選手の出身校として「横浜商科大学」の名前がアナウンスされる。

こういうＰＲ効果を広告費、宣伝費に換算したら莫大な金額になるだろう。野球部をなくしてしまったら、これらのすべてが失われるのだ。野球部をたたむときは、大学をたたむときだ。

さらに言えば、野球部がなくなってしまっては、これまで私が送り出してきた教え子たちが、帰る場所を失ってしまうことになる。学生たちの保護者、ＯＢ会、同窓会も巻き込んだ大学全体の問題だ。許せるわけがない。

経営コンサルティング会社の連中とは激しくやり合った。東大卒だか灯台卒だか知らないが、許せない連中だった。８千万円の使い込みなんていう、あらぬ疑いをかけられたときにはブチ切れた。私はこれまで、大学からは野球部監督としての報酬を一切いただいていない。むしろ持ち出しのほうが多いぐらいなんだ。このときには女房も「これまで、いくら持ち出ししてきたと思ってるのよ」って大学側に対して怒っていた。

私は、持てる限りのネットワークを駆使して必死に戦った。

大学側と話し合いを何度も重ねて、極力経費を抑えて部活動を行うという基本線で、なんとか野球部存続の方向性が打ち出された。

いままでの人生の中で、最も厳しい戦いだった。あのとき、力を貸してくれた人たちには本当に感謝している。

第2章

教育

「鉄拳」と「鉄掌」

私は監督時代、学生たちにだいぶ「鉄拳」をふるってきたように人から思われているみたいだけど、そんなことはない。この優しい私が可愛い教え子に鉄拳だなんて、そんなことするような人間に見える？（笑）

こう見えても、私は学生に鉄拳なんてふるったことはない。鉄拳というのは、拳で相手を殴りつけること。そんなことやったら犯罪だ！　拳で殴ったら相手は死んじゃうよ。

まずは言って聞かせる。それでも、どうしても一発食らわしてやらなきゃいけないときもある。そんなときは、平手で一発、ビンタ。拳じゃないよ、平手だよ。掌《てのひら》で一発いくわけだから、鉄拳ではなくて、言うならば「鉄掌《てっしょう》」だね。

学生と私との間に、本当の信頼関係があるからビンタを使えるんだ。私の一発で、その学生がハッとしてくれて、あらぬ方向へ逸れていきかけている心が踏み止まってくれたら……と。そう思っての平手打ちなんだ。

正直、ビンタを食らわしたほうだって辛いんだ。心が痛いんだ。夜、眠れなかったことだって何度もある。

「あいつ、気づいてくれるかなぁ……」

「あいつに悪いことをしたかなぁ……」

罪悪感のようなものはある。ずーっと、いつでも。だから、不安になる。しばらくしてから本人に電話をしてみるんだ。

「今日は何発、俺にビンタされた？」

「６発です」

「いまもう痛くないか？」

「耳のまわりがちょっと痛いです」

「医者へ行ってこい」

電話でそんな話をする。それは逃げでも何でもない。自分がやったことに対しての反省だから。言い訳しようなんて思わない。

いまの教育現場では、そういうのが何でもかんでも「暴力」だとされてしまう。

でもね、100パーセントそうだとしたら、うちの野球部なんかとっくに暴動が起きてつぶれてるよ。

暴力とか「体罰」なんて言葉もあるけど、私はそんなの字も知らなければ書き順も知らない。そんなものは、私の血の中に流れてもいない。

こういうのを信頼関係っていうのかどうかわからないけど、人と人との関わり方にはいろいろあっていいと私は思うんだ。

言葉で叱っている最中、はたかれると思って勝手に歯を食いしばってるやつもいたけど、私はそんなにビンタを安売りしないよ（笑）。もっと言えば、私のビンタが飛ばないように、キャプテンやチーフマネージャーがしっかり部員を引き締めてくれていた。

「おまえ、こんなことをやっていたら、監督のビンタが飛んでくるぞ。ビンタが飛んできたときに『わかりました』じゃ遅いんだよ」

そういうことを言ってくれる選手たちがいたんだ。

監督を勇退したときの「感謝の集い」では、出席できなかった教え子の山崎憲晴（元横浜DeNAベイスターズ－阪神タイガース）がビデオでメッセージを送ってくれた。

「学生時代、佐々木監督には、はたかれて、蹴られて、ときには土に埋められたこともありました。そのたびに見返してやろうと思って取り組めたからこそ、いまがあると思います。自分にとって『監督』と言えるのは佐々木監督だけです」

いやいや、土には埋めてない！　あいつ、話を盛りすぎなんだよ。土に埋めたら死んじゃうよ。「おまえ、この野郎！　土の中に埋めちゃうぞ」って怒ったことはある。あいつ、そういうところから話を大きくしたのかな。でも、ふざけ半分でちょっと足元を埋めたこと、あったかもね（笑）。

女房にも「お父さん、そんなことしたの？」って真顔で言われたよ。するわけないじゃん。

会場にいた人たちは爆笑だったけど、現役の学生たちは青ざめていたね（笑）。

「鉄掌」と「暴力」

「鉄掌」と「暴力」はどう違うのか?

そこに心があるか、ないか、そこだと私は思う。心があれば学生はついてくる。心がなければついてこない。

私は「場合によっては手を上げることもありますよ」と、新入生が野球部に入ってくるとき、学生の親御さんたちにはずっとそう伝えてきた。それでも「お願いします」という親御さんたちが、私に息子さんを預けてくれたんだ。38年間指導をしてきて、一度も問題にならなかったのは、学生たちも辛抱したんだろうけど、それ以上に親御さんたちの理解があったからだと私は思う。親御さんたちには、本当に感謝している。

親御さんたちだって、そのほとんどが戦後の民主主義教育を受けてきた人たちだ。平手打ちを、もろ手を上げて肯定する人は、そうはいないだろう。それでもみなさん、佐々木に任せると私に預けてくれたのだ。

だから私は、自分のやり方で指導していくことに重い責任をいつも感じてきた。

「わかってくれ」

「早く気づいてくれ」

学生のうちに、間違っている自分に気づかなくてはいけない。世の中に出てからじゃ、私のビンタなんかとは比べものにならないぐらい痛い目にあうことだってある。それがわかっているから、私は学生たちに厳しくあたるんだ。

平手打ちを与えた学生のことは、とことん面倒を見ないといけない。私はそう考えてずっと指導にあたってきた。とことん責任を持たないといけないんだ。半端なまま、世の中に出すわけにはいかない。

私の思いが届かず、途中で退部していった学生もいる。実は辞めていった学生の顔ばかり覚えているんだ。でも、そんな素振りはまわりの人には見せないようにしてきた。

あいつ、いま頃どうしているんだろう……。

真っ当な道を歩んでくれているといいんだが……。

やりっぱなしではダメなんだ。やりっぱなしにするから、相手や親の憎しみだけを買って問題になる。ピンタされたほうには被害者意識が残る。

大切なのは、どうしてビンタまでに至ったか、本人と一緒に一つひとつ拾い上げていくことだ。そこのところを語って、相手を諭す言葉がなきゃいけない。ここが最もエネルギーを使うところだ。

親と同等、いや、いまは自分の子どもに手を上げる親も少なくなっている。つまり、親以上のことをするんだから、親以上の責任が自分には生じていると思って、私はここまでやってきたんだ。

「指導者」と「保護者」

「指導者」として私が大事にしてきたこと、それは逃げないこと、ぶれないこと、隠れないことだ。

亡くなった星野仙一さんにも言われていた。

「逃げるな。見て見ぬふりをしてはダメだ。自分が悪者になっても学生を守れ！」

昨今の指導現場、教育現場では、指導者はビクビクしながら指導にあたっているように見える。生徒のため、学生のため、教え子のために自分の身体を張れるか？張れないいんだったら、教育者、指導者を辞めたほうがいいと私は思うよ。

大学で単位を取れば、教員の免許はもらえる。「企業への就職が厳しいから、教員にでもなろうかな」。そんな考えで教員になったら、子どもの親に見透かされてしまうんだよ。親がわかっちゃってる。この先生、熱がないなと。もっと言えば、子どもにだって見透かされちゃうんだよ。そんなごまかしは利かないんだ。

子どものトラブルに「保護者」が出てくることも多くなった。親も親だよ。いまの親は、自分のはけ口がないんだね。目的意識を持って生きていないから、弱いところへたかるように寄っていく。これは本当にあるね。昨今、親の理不尽な要求がエスカレートして、教育現場で問題になっている。モンスター・ペアレンツなんて言ってるけどさ。

悩みを打ち明けられずに地域で孤立する保護者と、萎縮する学校と先生。その両者が「対立」するんじゃダメなんだ。両者が「連携」して、子育ての「苦労」「役割」を分かち合うことが大事なんだよ。

生徒と先生はひとつである。ひとつでありたい。見えない部分で生徒は先生を思い、実は頼りにしているってことがわかっていないんじゃないかな、先生たちも。

我々の時代は、先生は絶対的なものだというしつけを受けてきた。何度も言うが、指導者にとって大事なのは、まずぶれないことだ。そして、逃げないこと、隠れないこと、嘘をつかないこと。

私はいつも膝を突き合わせて、学生の親御さんたちと話し合ってきた。それで納得してもらってきた。１００人近くいる野球部の学生と、本気で向き合ってきた。そう自信を持って言える。

監督を退いたあと、こんなことを言われたことがある。

「佐々木さん、いいときに辞めましたね。いまは体罰、暴力がどんどん表面に出てきている。その中で、いまの佐々木さんのやり方では厳しいでしょう」

そんなことはない。もし私がもう一度指導現場に立つことがあったとしても、指導方法を変えるつもりはない。なんてことを言うと、内藤事務局長に怒られちゃうな（笑）。

武田鉄矢さん主演のドラマ『3年B組金八先生』シリーズの脚本家・小山内美江子さんの言葉で印象に残っているのは、「親と向き合う、逃げないで向き合うこと」。その言葉を聞いて、私は自分が学生たちに対してやっていることと同じだなと思ったよ。同じことをやっていれば、絶対に先が見えてくるなと。個々の細かい部分で違うところは当然あると思うけどね。

小山内先生は、こんなことも言っていた。

「個々のケースの違いはあれど、教師は『辞める覚悟』で相手に理解してもらうまで向き合う、身体を張ることが大事です」

とね。

「教育」と「指導」

「教育」というのは「教」え、「育」てていくこと。

「指導」というのは、「指」を差して、ここが良いんだ、ここが悪いんだ、こうすればうまくいくんだ、こういうことをしちゃいけないんだと、「導」いてあげること。「導く」というのは、水先案内だけじゃない。相手と一緒になって進んでいくこと。それが「責任」だと私は思う。

教育と指導っていうのは表裏一体なんだ。教育というものも知っておかなきゃいけないし、指導というものも知っておかなきゃいけない。

私は学校の先生じゃなくて、野球の指導者だ。だから指導に関しては、学校の先生には負けたくないという気持ちがある。「負けたくない」というのは、つまり逃げない、隠れないということだよ。子どもたちとまともにぶつかって、子どもたちが抱える問題をまともに解決していこうよ、ということだ。

なぜ、この子はこういうことをしてしまうのか？　生活環境、家庭環境が影響しているんだろうかと、親を呼んで話を聞くこともあるんだけど、それだけでその子の実像をつかむのは難しい。なぜなら、親はいいことしか言わないから。

それよりも、その子の友だちをつかんでおくのが一番。チームメイトに話を聞いてみるんだ。

「あいつがこういう発言をした。俺はこう思うんだけど、おまえはどう思う？　正直に言ってみな。おまえ、一番仲が良いんだろ？」

「監督、なんで知っているんですか？　監督のおっしゃる通りだと思います」

そういう話ができるようになれば、グッと子どもたちのことを握れる。もう自分のテリトリーに入れられるんだ。

私はよく学生たちに「言い合え」と言う。学年の上下関係も、親しいとか好きとか嫌いとかも関係ない。部内で起きていることに関して、意見を出し合って議論を戦わせてみろと。ただ、そのときは自分の心の中から妬み、やっかみ、ひがみを除かなきゃいけない。難しいことだけどね。でも、それぞれが自分の意見を言えるようになることが大切なんだよ。

要は、キャッチボールをたくさんやれということ。

言葉のキャッチボールも、実際のキャッチボールも両方が大事だ。距離を開けて変則的なキャッチボールにしてみたりすることも必要だろう。

いいピッチャーは打たせて取ることができる。野手のみんなが守ってくれるんだから。だからひとりじゃない。そこを指導者は伝えていかなきゃいけないんだ。

「教員」と「監督」

中学校・高校の野球部は、「教員」が「監督」をやるべきだと私は思う。それは、子どもたちの野球の部分だけじゃなく、多方面にわたってチェックできるからだ。

「この子はグラウンドではいい声出してるけど、授業中はどうかな?」

「クラスの合唱の練習ではいい声出してるのかな?」

「学校での様子はどうかな?」

「教室で掃除をちゃんとやってるかな?」

「あの子は野球部の監督やコーチの前ではきちんとしてるけど、他の先生の前では態度が良くないなぁ」

こういうことは、教員じゃないとチェックできない。

では大学野球の監督はどうか。大学野球の監督は先生じゃなくてもいい。大学生にもなれば、行動範囲も付き合う人間の範囲も大きく広がってくるわけだ。だから、大学野球の監督っていうのは、自分自身がいろんなことを体験、経験していなきゃいけない。多方面の人とも付き合わなくちゃいけない。

大学の先生っていうのは、どうも偏ってる人が多いと私は思う。「井の中の蛙」なんだ。でも、考えてみると、大学の先生というのは学者や研究者であって、教育のプロではない。研究に没頭するのが仕事なんだから、偏っているのも当たり前と言えるかもね（笑）。

高校野球の指導者は学校の先生と兼務で頑張ってほしいけど、大学の指導者は違う。学生たちは、これから社会に出ていくわけだから、その準備をしながら野球をやって、人間教育を受ける。だから大学の指導者は、社会を自分の目で見て知っておかなければならないんだ。

良い子ばっかりいるわけじゃない。「教育って何だろう?」っていうと、一般的に言う「悪い子」を「良い子」に導いていくのが教育だよ。じゃあ「中途半端な子」はどうすんの？　それを伸ばしてあげるのも教育の役割だ。

中途半端な子っていうのは、伸ばすことによって枝葉が分かれる部分が必ず出てくるから。右にはこういうことがあるよ、左にはこういうことがあるよ、真っすぐ行くとこういうことがあるよと。その途中にまた枝葉があるよ、枝葉があるときにどういうことが起きるか考えろよと。こういう部分があるから葛藤しろよと。

「どっちが正しいと思う？　おまえが悩みながら結論を出すところだ」

こうやって、分かれ目のときに問題を提起してあげる。それが、本当の教育だと私は思う。

高校野球の監督っていうのは、教育者であり、かつ指導者でもある。そもそも完璧な指導者なんていないわけで、指導者だって指導を受けることもあれば、教育を受けることもある。うまくいくことばかりじゃない。ときには失敗することもあるよ。先生だったら、もっと人間らしいところを出していくべきだと思う。本来、聖職者っていうのは、人間らしさも持っているものなんだよ。もし自分に非があれば、認めないといけない。

言ってることとやってることが違う指導者がたくさんいる。先生の話から、体験論が出てこないんだ。そこが足りないんじゃないかなと私は思う。机の上の勉強だけじゃ通用しないよ。いろんな職種の人と会って話をして、いろんなことを自分で実際に体験して、実践する中で学んでいくことや社会勉強というものが必要なんじゃないか。

大事なのは「実践理論」だよ。世の中の動きに敏感になって、物を知って「実践理論」で勇気を持って行動してほしい。これは先生だけでなく、人の上に立つ経営者なんかにも当てはまる大事なことなんじゃないかな。

「言葉」と「行動」

私は学生たちと話をするとき、口だけじゃなくて自分自身も行動するようにしている。「行動」がなく「言葉」だけだったら、学生たちはついてこない。やっぱり行動あるのみだよ。

発言っていうのは、行動が伴うから倍づけになって、みんなが納得してくれる、思ってくれる、感じてくれるんだよ。行動が伴わなかったら、絶対そこに納得感や信頼感なんて生まれないだろう。

「言動」という言葉があるように、言葉と行動が伴っていないと、いくら口ではいいことばかり言っていても、学生たちは言うことを聞かない。小さい子どもたちだってそうだろう。

それに気づかないで、ただしゃべってるやつがいる。それでは単なる自己満足だ。ビジネスの現場でも、なんだか横文字ばかりを使ってくるやつをよく見かける。それっぽい横文字を使うことで、自分はあなたより上を行ってるんだよ、みたいに主張したいし錯覚を起こしているんだ。そういうやつがここのところ多い。自分を賢そうに見せているだけ。恥ずかしくないのかよ、と言いたい。

違うんだよ、それは。自分を相手に良く見せることなんかより、言ってることとやってることが一致していることのほうが、はるかに大切なんだ。それも、自分にとってプラスになり、相手にとってもプラスになることじゃないといけない。

言行一致している人というのは、自分の足元を素直に見ることができる人だ。言いっぱなし、やりっぱなしの指導者は、やっていることが全部思いつきなんだよ。

他人のものを盗んで山分けしたら、それも人のためにやったことなんだと主張するやつがいるけど、そういうのは勘違いも甚だしい。

言葉と行動が一致しない指導者、つまり言ってることとやってることが違うやつは、会って話をしてみればすぐに見破ることができる。

口ではたいそう立派なことを言いながら、高野連で禁止されている相手のサイン盗み、ランナーによる伝達行為を、平気で選手たちにやらせている指導者がいる。相手や審判にそれがばれたら、「私は指示していないけれども、選手がそんな紛らわしいことをしていたようならば注意します」なんてことを言っている。見え透いた嘘、ひどいもんだ。目先の勝利のことしか考えていない。そんな指導者に、子どもたちがついてくるわけないだろう。

言ってることとやってることが違っているケースは、この世の中にはたくさんあると思う。人間だからね。でも、言葉と正反対の行動を取っているようではおかしい。普通は自分で「恥」の感覚を持つもんだけどね。

「不言実行」と「有言実行」という言葉がある。

不言実行というのは、あれこれ言わずに、黙って自分のやるべきことを実行している人。

有言実行というのは、私はこれをやります、僕はこれを絶対にやり遂げますと、言葉に出して周囲の人にアピールし、そのことを実行している人。言葉に出すことによって、自分にプレッシャーをかけていくんだね。

両者を比べると、私は有言実行のほうを評価する。不言実行で、頭で考えて物事に取り組んでも、なかなかその通りには動けないものだ。何にも言わないでやるべきことを成し遂げたら、それは素晴らしいことだけど、自分もまわりの人たちも、対象物は常に動いている。自分よりも速く動いているんだ。

それよりも、言葉に出して自分にプレッシャーをかけて、言ったことを必ず実行する。そのほうがいい。

とくに教育者、指導者は有言実行であるべきだと私は思う。ありのままで「監督は言った通りのことをやってくれる」。そのほうが自然体でいいじゃない。

あんまり大きいことばかり言ってると「ビッグマウス」になっちゃうけど、指導者は有言実行であったほうがいいと私は思うよ。

「厳しさ」と「優しさ」

「厳しさ」と「優しさ」、これは両方セットで持っていなきゃいけない。両方持っていようと思っても、なかなか持てるもんじゃないけど、でも常に意識はしていたいよね。意識して指導を続けていけば、そうなれると思う。

厳しさと優しさ、比率で言うと4対6ぐらいかな。6が優しさだよ。

私は本当のところは、そんなに厳しい人間じゃないんだ。ただ、監督としての立場があったり、男としてこうあるべき、みたいな思いもあったりするから、厳しさが8になったり9になったりすることもある。そういう場面では、心を鬼にして厳しさを前面に出さなきゃいけない。

そんなときっていうのは、自分に嘘をついている部分もあるということだから、震えるね。必ず震える。怖いから震えるんじゃなくて、自分の心に嘘をついているから震えるんだ。

「教え子に手を上げるのは、能力のない指導者、教育者だ」

そんなことを言う人がいる。一瞬、理にかなっているようにも思えるけど、それは違うね。私は、思いを乗せて「鉄掌」＝ビンタを食らわせている。

野球部には100人を超える学生がいる。100人それぞれに本気で向き合ってきたという自負が私にはある。

いつも思うのは、親父とお袋が、よく自分を育ててくれたなぁってこと。子どもの頃、親父にはしょっちゅう拳で殴られていた。ビンタじゃないよ、拳で殴られたんだよ。そうすると、お袋が間に入ってくる。

こんな親父なんか、誰かにボッコボコにやられちゃえばいいのにな、とはじめは思っていたんだ。でも、年数が経っていくと違うね。お袋と親父の身に何かがあったら、自分が身体を張らなきゃダメだろうと思うようになった。そういう現実がもし起こったら、飛び込んでいくよ。実際、親父や兄貴に何かが起こったときには、考えるより先に飛び出していってたからね。

学生たちを指導するうえで、厳しいことを言わなきゃいけないときはたくさんあるし、学生たちを守るために厳しい姿勢で臨まなきゃいけないときもある。

以前、学生がよからぬ金貸しから借金をしてしまったことがあった。3万円を限度額にして貸し付けている連中だ。それでお金が返せなくなって、1カ月を過ぎたらとんでもない利息がついている。8万円、9万円にもなるっていうんだ。

学生のところに、チンピラみたいな輩が取り立てに来る。「これだけ貸してやって、延滞金がこれだけついてる。早く返せ」と法外な金額を要求してきた。そういう輩を、私は相手にしなきゃいけない。警察にも頼れないときは、学生を守るために私の器量で対峙しなきゃいけないんだ。

学生からその話を聞いた私は、野球部員を全員グラウンドのバックネット裏に集合させた。

「同じような連中から金を借りた者は他にいないか？」

そうすると、13人ぐらいだったと記憶しているが「僕も借りました」と手を上げた。全員3万円だった。

私は銀行へ就職した教え子に、3万円借りて1カ月滞納したら、延滞金はいくらになるのかと聞いた。すると「1カ月ぐらいじゃ延滞金なんて発生しませんよ。元金だけ返せばいいんです」と彼は教えてくれた。

金を借りてしまった学生の親御さん全員に連絡を取って、それぞれ元金の3万円を持ってこさせ、私はノックバットを3本用意して借金取りのチンピラどもに立ち向かった。チンピラの連中が何人もグラウンドに入ってきて、延滞金がこれこれいくらいくら、いますぐ払えと言う。

「払ってやるから領収書を持ってこい」と、私は毅然とした態度で言った。

チンピラどもは領収書なんか持ってくるわけがない。領収書を書いてしまったら、違法な延滞金の証拠が残ってしまうからだ。

「なんだおまえら、集金するのに領収書も持ってねぇのか！　領収書がないなら、そんな金払えるわけないだろう！」

私はそう言って、学生の親から預かった元金、それぞれ3万円だけを返してチンピラどもを追い払った。

「ぐずぐず言うなら警察に電話するぞ！」

念のために用意していたノックバット3本は、間違った使い方をすることなく終わった。

「愛情」と「過保護」

これも難しい問題だ。昔は「過保護」じゃなくて、本当に「愛情」のある親が多かったと思うんだけど、いまは過保護の親が多くなってきたね。

一線がなくなってしまったってこと。我が子であっても自分ではないんだよ。そういうふうに感じることが一線なんだ。

過保護な親は、子どもに起こったこと、子どもが起こしたことの結論までやってしまおうとする。この子にこの部分は任せよう、ということをしないで全部親がやってしまう。子どものことが可愛いあまりに、周囲を冷静に見極めることができなくなるんだ。

子どもを可愛がるのは愛情だけど、可愛がりすぎは愛情の逆だ。子どもを可愛がりすぎると叱れなくなる。叱ることに臆病になってしまう。

叱られずに育ってしまった子はかわいそうだ。先々でその子は必ず痛い目にあう。いま、目の前に叱られている子がいたら、そのときはかわいそうに思えるかもしれないけど、将来きっとその子のためになるものなんだよ。

子どもを甘やかす親が、子どもをダメにするんだ。

私は、常にそれを学生の親たちに言ってきた。この子が悪いんじゃない、てめぇが悪くしてるんだよと。一発ビンタを食らわしてやりたい親もいたが、さすがにそれはしなかった。傷害事件になっちゃうからね（笑）。

例えば子ども同士がケンカをしたら、親が学校に文句を言うんじゃなしに、「おまえ、謝ってこいよ」「自分でなんとかしてこいよ」と言わなきゃいけない。それには勇気もいるけど、本来、親というのはそうじゃないといけないよ。自己中心的で、自分さえよければいいという親が、いまは多すぎるんだ。

何か問題が起こったときに、自分にできることはないかと、親が探しているようなところがある。だから、突拍子のない問題に発展していくわけだよ。

でもね、この仕事をやっていて喜びは何だろうって考えると、こういう言い方をしちゃいけないかもしれないけど、とくにね、意識の低い子、野球の下手な子、人間らしさを持ってるんだけどそれが表に出てこない子……そういう子たちが成長して社会に出ていって、ちゃんと世の中の役に立つようになる。そんな姿を見られるのが一番の喜びなんだよ。

そういう立場にいられたことに対して、本当に感謝だね。

学生たちにはたっぷり愛情を注いできたつもりだ。でも私は普段、「愛」とか「愛情」なんていう言葉は使わない。照れくさいから、そんな言葉を使えないんだよ。飲み屋に行ったときには使ったこともあるけどね（笑）。

「怒る」と「叱る」

「怒る」と「叱る」というのは全然違う。

感情のままに怒ってしまうのが、いわゆる「怒る」。

冷静に、言葉で諭して相手を正しい方向へ導いていくのが「叱る」。

私ははじめっから叱っているつもりだ。間違ったことをしてしまった学生に対して、厳しいことを言いながら、ときにはビンタを使いながらも、冷静に落としどころはどこにしようかって考えながら叱っている。

とはいえ私も人間だから、学生に「怒り」をぶつけてしまったこともある。感情対感情のぶつかり合いだなって思うときもあった。でも、それはそれでいいんじゃないかな。男と男の、一対一のケンカみたいなものだから。

感情だけでやるときもあれば、やっぱり落としどころっていうのを考えるときもある。落としどころっていうのはね、もうこれっきりにしよう、この話はやめよう、ということ。

それと大切なのは、指導者も、自分が間違っていたなと思ったら謝ること。自分のほうが早とちりしちゃったなとか、そういうときは自分から学生に謝る。もう一度話し合おう、腹を割って話し合おうと。空威張りだとか、自分の権威を保とうなんていう考えを持ってはいけないんだよ。

怒りながら、叱りながら、「いま、自分は感情的になってるな」と気づく。そういったときは「ちょっと言いすぎたかな」と、学生たちにそんなことも言うよ。そうしないと、学生たちは私についてこない。

私には、学生たちと本気でぶつかってきたという自負がある。だから、逆に甘く見られたなと思ったときは「この野郎！」って、すごく頭にくる。意地だけは持っていなきゃいけない。意地をなくしちゃったら、本当に弱い人間になってしまう。私はいつもそう思っている。

だから、感情的な部分と冷静さ、あるいは謙虚さと意地、こういった裏返しの部分をいつも持っていなきゃいけないんだ。

「頑固」と「柔軟」

「頑固」と「柔軟」、指導者はこの両方を持っていることが大切だと思う。

私は一見、頑固に見えるかもしれないけど、一方で柔軟性も併せ持っていると自負している。

頑固と柔軟、大事なのはものを知ること。作りものじゃないものを体験・経験すること。そこから、このふたつは出てくるんだと思う。

指導者になりたての頃は、私も頑固なだけで、人の言うことには耳を傾けていなかったかもしれない。でも、それじゃあ通用しない。人の上に立つ人間がそういうふうになっちゃダメなんだ。聞く耳、話す口。口も耳も目も、全部使わなきゃいけないということに、高校野球の監督をやりはじめてから気づいた。

私は早熟だから（笑）、早い段階でそれに気づいたことがよかったんじゃないかな。

昔はね、自分の右に出る者なんかいないと思ってたから、頑固に自分のやり方を貫いていた時期もあった。「俺の天下がずっと続く」と思っていたんだけど、天下なんか続かないんだよ（笑）。

自分のやり方、考え方、スタイル、それを貫くことも大事だけど、何か壁にぶち当たったら、人の話を聞いてみる、他の人の考え方を聞いてみる、いままでとは違ったやり方を試してみる。ちょっとうまくいくようならば、その方向へ進んでみる。「妥協」という言葉を使ってもいいかもしれない。相手の言うことに納得したなら、やり方、方向性をちょっと変えてみる。

でも、自分が信念として持っているものは、絶対に失ってはいけないし、貫き通さないといけない。

信念として持っているものは、貫き通せば本当にその通りに物事が運ぶものなんだ。その人が信念として持っているもの、そこにはその人なりの裏付けがあるわけで、だから確信できるものでもある。たとえ途中で壁にぶつかったとしても、強い気持ちを持っていれば乗り越えられるんだよ。

頑固にこだわって、信念を持ってやってきたことと、現実とのギャップはそれなりにあると思う。それこそ人間のやることなんだから、失敗もあるよ。でも、10取り組んだうちの3でも成功すれば、その流れはあると確信を持っていい。打率と同じで、3割打てれば好打者だと評価されるんだ。

信念を持って頑固に貫き通すこと、人の言うことを聞いて柔軟性を持って対応すること、この両方が必要だ。

信念というものは、もともと最初から持っているものではない。経験を積み重ねることによって、だんだんと形成されていくものだ。いろんな人と接して、いろんな経験を積み重ねて、「実践理論」で自分の信念を築き上げていってほしい。

「差別」と「区別」

「差別」というのは、相手を根っからバカにすること。肌の色だったり生まれだったり、育ちだったり。

「区別」というのは、単純な区別だ。

A君は背が高い。速いボールを投げることができる。この子は特別だな。

Ｂ君は速いボールが投げられない。

そういう「違い」でもって分けるということ。単純な違いだね。体の大きさもあれば、筋力、スタミナ、運動能力……そういうものによって、ポジションだってなんだって変えていかなければいけない。

団体競技っていうのは、大きい子ばっかりそろえても勝てない。小さくて小回りの利く子も入れなきゃいけないんだよ。それは、集団というものをうまく機能させるための区別によって生まれてくる。

でも差別はダメだ。区別は必要なものなんだよ。

指導者だって人間だから、好き嫌いもあるんだけど、好き嫌いで選手を起用するのは差別だ。差別＝排斥をするよね。すぐ排斥に入る。除外する。村八分という、昔あったやつだ。

私は、好き嫌いで起用を決めることはない。人としてダメだから外すというのはあるけど、嫌いだから外すということはない。

可能性を自分自身で見つけられるやつもいる。逆に、可能性を監督頼りに、コーチ頼りにしているやつもいる。素直なやつ、ひねくれているやつ、いろんな学生がいるけど、ひねくれているやつが素直に変わるときがある。これはすごいね。学生たちの、そういう成長を感じることができたときは、本当にうれしい。素直になるというのは本当に大事なことだ。素直にやってたら、みんな自分に返ってくるんだから。

東大に行くようなレベルの子が、うちに来てるんじゃないんだ。それははっきり言える。そういう面では、うちの学生たちは学力面に関して区別をされている。ただ、東京六大学、東都の名門大学と就職が同じようにならなきゃいけないだろう。勉強では負けていても、就職だけは絶対に負けるなって、学生にはいつも言っていたんだ。そうしたらマネージャーが、「監督さん、野球は負けてもいいんですか?」って(笑)。

バカ野郎! 話が違うだろう! 野球でも勝つんだ!

そりゃあ勝たなきゃダメだよ。勝って勝って勝ちまくればいいことだろう。就職は4年後だ。用意周到にやっておかないといけない。普段の過ごし方が大事なんだよ。これは、普段のオープン戦を大事にしなきゃいけないのと同じだろう。私が文句を言う、私が褒める、私がこういうことを言うということは、要するにオープン戦をやってるってことなんだよ。

それで、４年後に公式戦が始まる。社会に飛び出していくわけだ。そのときに、「監督さんの話、聞いといてよかった」と思うものなんだ。「これからは監督さんの話、聞けなくて残念だ」と言うやつもいれば、「もう聞きたくねぇや」って出ていくやつだっているだろう。それは考え方ひとつだ。でも、それでいいんだよ。

「伝えるとき」と「見守るとき」

このままこの子が進んでいったらいい思いはできないな、しっぺ返しがあるな。でもその手前で止まっているから、この子には一言言ってやったら気がつくな。そんなときには、学生に声を掛けて伝えるようにしている。

私の場合は毎日学生と会って交わり、ずっとその学生の行動を見てるんだから、伝えなきゃいけないタイミングはわかるんだ。

私生活面に関してもそうだし、野球のことに関してもそう。

ピッチャーを見るときに伝えるポイントは、「ボールは長く持てよ。腕は軸足がマウンドを蹴るときに振ればいいんだ」そのふたつだけ。それしか教えない。

これが、たまにグラウンドにやってきて、ああだよ、こうだよって能書きをたれたって、その学生のことなんかわからないし、学生も私の言ったことなんかすぐに忘れちゃうよ。1年、2年、3年、4年と行動をともにするから、じっくり見てやれるんだ。

こうやって、学生のことを毎日見ながら、気がついたことを伝える。

何回も何回も言ってもわからない者は、突き放すこともある。

あとは先取りをする。こいつ、このまま行ったら危ない目にあうな、違う方向に進んでいるなと思ったら、全員を集めて正しい方向性を言って伝える。長く経験しているから、そういうときがわかるんだ。

「伝えるとき」と「見守るとき」の違いを聞かれることもあるけど、私はあんまり「見守る」ということはしない。

間違った方向に進みつつある学生が、自分でその間違いに気づいて修正して、正しい方向へ向き直ってくれればいいんだけど、なかなかそれって難しい。気がつかないやつというのは、言われなきゃ気づかない。一発はたかなきゃ気づかないってこともある。

逆に言えば、自分で気がついて直したやつは強い。

私も教育や指導を受けてきたわけだから、それがわかる。「佐々木は言うことを聞かない野郎だな」と思われたケースもあるだろう。そういう経験も自分で踏んできているからわかる。

指導において、コミュニケーションが大事だと言われる。指導者側からの一方通行では、コミュニケーションにはならない。教える側と教えられる側が、会話のキャッチボールをできるようにならなきゃいけないんだ。学生とキャッチボールをすることによって、私のほうが教えてもらうことだってたくさんある。

とはいえ、指導者に対してはっきり自分の考えを伝えて、言葉や心のキャッチボールができる学生なんてなかなかいない。でも、大学4年間を過ごすことで、卒業までにできるようになってほしいんだよ。

私が言葉を掛けても反応のないやつは困るね。口を開かせないといけない。そのためにはどうするか？　ちょっと痛い思いをさせる以外ない（笑）。

学生時代、私に何度ビンタされても会話のキャッチボールがうまくできなかった者でも、OBになってから会うと、それができるようになっていたりする。学生時代は私の言ってることがわからなくても、社会人になってからその意味が理解できるようになったんじゃないかな。しっかりキャッチボールができるようになった教え子を見ると、うれしくなるもんだよ。

「権利」と「義務」

最近の若者は、「権利」と「義務」を履き違えている人間が多い。

権利ばかりを自己主張する者が目につく。口先だけなのが権利。義務というのは黙って行動を起こすこと。行動を伴うものが義務なんだ。

権利を主張するのであれば、やるべきことをやっていなければならない。そこに「責任」っていうものが出てくるんだよ。

言いっぱなし。やりっぱなし。言ったもん勝ち。とんでもない世の中だよ。野球に限らず、チームプレーや団体行動にはそういうことがあってはいけないんだ。

権利ばかりを主張して義務を怠っていたら、人はついてこない。そこに気がついた者は強いんだよ。

かつて、ケネディ大統領が国民に向かって何と言ったか。

「国に対して要望ばっかりじゃいけないでしょう。あなたたち国民ができることを自分から言って、自分からやりなさい。それが本当の民主主義の原点なんだ」

そういうことなんだよ。何でもかんでも権利を主張して、自分はやってもらうのを待っている。ふざけんじゃねぇや。自分の言いたいことだけを言うのが権利だと思うなよってこと。

義務を果たさず、権利ばかりを主張する人間。そういう人間は社会から見損なわれるんだ。うちの野球部からは、そういう人間を社会に出したくない。進んだ先の組織にとって迷惑になるし、もっと言えば社会全体の迷惑にもなる。

個人の能力の集合体がチーム力になるんだ。チーム力を最大限にアップさせるために、個人の能力を大切にしてその存在を尊重する。それが「個人主義」というものなんだよ。

この個人主義を履き違えている者が少なくない。

自分だけがよけりゃ、それでいい。こういう安っぽいのが「利己主義」だ。子どものわがままと一緒。人間として幼すぎるよ。

利己主義の怖いところは、まわりに無関心になってしまうところだ。それは逆に言うと、まわりの人もそいつには関心を持たなくなるということ。そこのところに、なかなか本人は気づかないいんだな。

自分のことだけが大事で、自分以外のことはどうでもいい。みんながそうなってしまうと、自分もみんなからどうでもいいと思われる存在になってしまうんだよ。

人はひとりで生まれて、ひとりで生きていけるものではない。両親に育てられて、家族、親戚、先生、友だち……いろんな人に助けられて生きてきたはずなんだ。

それを忘れてしまったら、人間は孤立してしまう。野球はそれを学べるスポーツだ。

「社会」って何だろう?

人がふたりいれば、そこはもう社会なんだ。野球なんて社会そのものだ。

グラウンドに人がひとりぽつんといて、野球ができるか？　そんなの絶対にできない。仲間がいて、相手がいて、審判がいて、支えてくれる人がいて……たくさんの人がいてはじめて野球が成立する。だから、野球部の学生は毎日、最高の社会勉強をしているんだ。

私は保護司もやらせてもらっている。保護司というのは、犯罪や非行に走った人と定期的に面接を行って、更生を図るための約束事を守るように指導したり、生活上の助言などを行ったりする。

横浜家庭裁判所に野球の好きな審議官の方がいて、4～5年前にその方から頼まれて、保護司をやることになった。保護司をやっていて気づくことは、どんな人間でも犯罪や非行に走ってしまう可能性があるということ。

だけど、「殴っているうちに相手が死んじゃった」なんて言ったって、相手の親族には通らない。

言ったこと、やったことに責任を持てやと言いたい。

責任を持たずに言いたいことだけを言うアホがいたら、「権利と義務を知らないのか。そこには責任もあるんだ」と言ってやるよ。

言いっぱなし、やりっぱなし、そういう輩がたくさんいる。

「自由」ばかりを主張する輩もいる。これも権利と義務の関係につながるところがある。権利には義務が伴うように、自由には責任が伴うんだ。言いたいことを言うんだったら、責任を取れ。やるべきことをやれ。そういうことだよ。自由を得るためには、やるべきことをやっていなければいけない。つまり、責任を果たさなければならないんだ。

「才能」と「努力」

「才能」というのは、持って生まれたものなんだろうね。みんな、何かしらの才能を持っているはずだ。隠れた才能に何かのタイミングで気がついて、それが見える部分に出てくる、ということもある。

「努力」っていうのは、目的に向かって日々我慢して、取り組んでいくこと、頑張ること。

私はそう思っている。

才能があって、なおかつ努力してる人ってのは素晴らしい。

才能があるのに努力しない人間、ふざんけんじゃねぇよ、この野郎！　と思う。努力しない野郎は人間らしくないじゃん。

才能がなくたって、一生懸命やる人がいるんだから。一生懸命やるからこそ、成功したときの喜びが大きいんだ。

一生懸命努力して、それで失敗したら、挫折を含む悔しさを味わうことができる。これもまた大事なことだよ。これだけ努力したのに失敗した。まだ努力が足りなかった。次はもっと努力しよう。

「どのぐらいの努力をすればいいんですか？」

「それを数字で出してください」

と言われたらどうするか。

数字で出す問題じゃないよ。努力したか、踏ん張ったか。自分が一番よくわかるんだから。自分で素直に考えてみれば、そんなこと測る必要なんてない。自分に正直になればいいだけなんだよ。

プロ野球の世界でもビジネスの世界でも、才能だけで成功した人ってのはいない。才能を持った人たちが、ものすごく努力して、その結果成功を手にしているんだ。

王貞治さんだって、イチローさんだって、大谷翔平選手だって、みんなそうだ。

でも、努力をしたからといって、みんなが必ず成功するとは限らない。努力＝成功ではないんだ。それでも、人は努力しなきゃいけない。

「努力をすれば何かが起きる」

私は学生たちに話すとき、そういう表現を使う。努力をすれば、「何か」が起きるんだ。その「何か」が重要なんだよ。

亡くなられた星野仙一さんがいいことを言った。

「努力をすれば、奇跡が起こるんだよ」

星野さんは「奇跡」という言葉が好きだったな……。

「努力」と「根性」

「努力」っていうのは、「女」の「又」の「力」って書くね。どういう語源からこの言葉が生まれたんだろうか。私にはわからない。

ただ思うのは、努力というのは積み重ねだなと思う。結果を出そうとして一時的に、集中的に努力をしたとしても、本当の力にはならないんじゃないかな。

コツコツと毎日毎日努力を積み重ねた子がいい結果を出したときには、私もすごくうれしいし、その子の努力が報われたなと思う。

もっと言えば、努力っていうのはあんまり自分から「努力しました」って言うもんじゃないよね。努力をしたかしなかったかというのは、人が見て判断するものだ。積み重ねた努力、血のにじむような努力をして結果を出したときに「あいつは努力しているなぁ」とまわりの人が評価してくれるんだよ。

そういう意味では、「根性」も自分から言うもんじゃない。「あいつは根性あるなぁ」って、人が評価してくれるものだ。

「俺は根性がある」と思っていても、まわりがそう思っていない場合もある。そこに人の面白さもあるんだけどね。

根性はやっぱり、食い下がるっていうこと。

そこから下がらない、隠れない、もうそれだけだよ。だから、照れや恥ずかしさが出てきちゃったら、根性っていうものは出てこない。出るわけがない。はたかれても食い下がる。けなされてけなされて、立ち上がれないようなときでも食い下がってくる。そういうやつは根性あるなぁと思う。

自分は努力しているのか、自分には根性があるのか。その評価は、他人がするもの。自分で自分を評価するもんじゃないよ。

「我慢」と「忍耐」って言葉もあるけど、同じような意味だが字が違うように、やっぱり意味もちょっと違うと思う、

どっちが上とか下とかということではない。我慢というのは表向きのもので、忍耐というのは内面性のもの、心でもって抑え込むもの。私はそういうふうに考えている。

「武士は食わねど高楊枝」という言葉がある。やせ我慢も人間には必要だ。

我慢、忍耐に近い言葉として、「辛抱」というものもある。

辛抱っていう言葉を聞くと、私はかかしを思い出すんだ。かかしは雨の日も風の日も、自然の悪天候にも耐えて立っているよね。カラスや獣から農作物を守らなきゃならないし、食べに来るやつ、盗みに来るやつもいるだろう。空から来るやつ、地べたをはいずって来るやつもいるしね。

いまの子たちは、我慢も忍耐も辛抱も足りていないなと思う。親が過保護に育ててしまった結果、社会勉強をしていない。だから、自分で自分をコントロールできない子が多いんだよ。

プロ野球選手を見ていても、自分で自分をコントロールできない者が多いなぁと思う。高校時代や大学時代に「心・技・体」と教わってきているはずなのに、忘れちゃうんだよな。

「正義」と「正義感」

「正義」と「正義感」。

このふたつは一緒にしちゃいけない。

以前、全国大会出場を懸けた試合で、こんなことがあった。

終盤の一打逆転のピンチで、相手の４番打者に打順が回ってきた。横浜商大の投手はこの試合で、その４番打者に痛烈なヒットを打たれていた。完全にタイミングが合っていたんだ。

「歩かせろ」

今日のこいつでは抑えられない。敬遠だ。私はそう伝えた。

すると、投手はこう言った。

「勝負させてください」

バカ野郎！

リーグ戦じゃない。その大会は一発勝負のトーナメントだった。全国大会に進むためには、この試合に勝たなきゃいけない。

この試合における「正義」とは、試合に勝つことだ。

こいつが持っていたのは「正々堂々と勝負したい」という、ただの自分本位な「正義感」だった。

野球とは、選手みんなで努力して、我慢して、辛抱しながら勝利を獲得するスポーツだ。ならば最高の正義とは勝つことであり、この場面ではタイミングが合っている相手の4番打者を敬遠して、逆転負けのリスクを減らすことが正義だ。

みんなで頑張って、我慢して、それで勝って全国大会へ行っていい思いをしようよ。それが野球だろう。自分だけは相手の４番打者と勝負ができて気は済むかもしれないが、打たれて負けたらどうするんだ。チーム全体が浮かばれるためには、どうすればいいのか。それを最優先させなければいけない。

結果的には、この場面で４番打者を敬遠したことで、我々は接戦をものにして勝利を収めることができた。チームが勝つ、これが正義だろう。

正義感というのは、口だけ、言葉だけのものよ。計算がベースにある。こういう態度を取っておけば自分にとってプラスになるとか、損にはならないとか。そんなところから、本当の正義なんて生まれないんだ。

正義というのは行動を伴うもの。

でもね、だいたい人間っていうのは、正義感から正義に移行していくんだよね。そのようにできている。そのときは正義を履き違えていても、感じて、反省して、理解できるようになればいい。

感じなければ人は動けない。本当に感じれば動くものなんだ。だから、正義感から行動に移るのには時間がかかる。正義から行動に移るには時間がかからないんだけどね。

「常識」と「良識」

「常識」というのは、世間一般の人が共通に持っている、当たり前の知識と判断力のこと。

「良識」というのは、物事を深く見通し、本質を捉える、すぐれた判断力のこと。

世間一般ではそういう意味なんだろうけど、常識が身についていたら、良識はいらない。私はそう思っている。

良識を使うような人がいたら会ってみたいし、良識っていうのを私も一度使ってみたいけど、その人に「そんな言い方をするな」って言われそうな気もする。

要は私の考えでは、常識がわかっていればいいんだよ。日本の常識がね。

でも、私の言う常識っていうのは、世間で言うところの常識とはちょっと違っているかもしれない。

一般常識っていうのは、最低限のルールだろうし、モラルだろうし。知っている人に会ったらあいさつをしろよとかね。私なんかには大きな声であいさつをしろよと言うけど、普通の人には会釈程度でいいだろうと。その違いだけだよ。

ただ、常識だけに囚われていてもいけない。それまでは「非常識」だと思っていたことが、常識になっちゃうケースもあるんだから。

例えば、ここはセオリーでは送りバントなんだけど、強攻策、ヒッティングでいってみたら、うまくいってチャンスが広がったり点が入ったりすることもある。常識だけに囚われてちゃいけないケースは、野球でも生きていくうえでも多々あるってことだよ。

人間としての常識を知っておくことは大事だけど、野球においても人生においても、常識にばかり囚われすぎていてはいけない。うまくその両面を使っていけるといいよね。

「ずる賢さ」と「賢さ」

自分が得をするために使うのが「ずる賢さ」。

人のために使うのが「賢さ」。

ずる賢い人間というのは、自分のことをわかっていない。逆に、賢い人間というのは、自分のことをわかっている。そこに大きな違いがある。

ずる賢い人間は、他人に迷惑をかける。人をダシに使う。それでも自己を正当化しようとする。自分ではうまくやっていると思っているんだけど、実は全然うまくやれていない。それに気づいていないんだよ。バカだね。

ずる賢いことを続けていたら、最終的には自分にしっぺ返しが来るんだ。だって、そんな人間のことなんか誰も信用しないし、まわりの人はついてこない。ずる賢いまま自分だけ幸せになんかなれるわけないんだ。そんなの絶対にないよ。

賢い人っていうのは、人の気持ちを理解して、人の心をわかって、さりげなく動ける人のことだ。口に出すのではなく、さりげなく動ける。私から言わせたら、そういうのが本当の賢さだね。

「頭がいいだけじゃ世渡りはできない」ってよく言うけど、本当に賢い人っていうのは勉強ができるだけじゃなくて、人への気づかいや人を思いやる気持ちを持っていて、人を認めることができる人のことだ。

自分の教え子たちには、そういう本当の意味での「賢い人」になってほしいと思って、私はこれまで指導してきた。

学歴ばかりを重視する社会に対しては、言いたいことがたくさんある。机の上だけの勉強では、世の中に出て通用しないんだよ。いろんなことを経験して、学んで、私がよく言う「実践理論」を身につけていってほしい。

「入口」と「出口」

大学で「入口」というと入学してくること。「出口」とは卒業・就職すること。どちらもすごく大切なものだ。

野球のうまい高校生、能力が高い高校生は他の大学と取り合いになって、みんなやっぱり強い大学へ行きたがる。「おまえ、強い大学へ行くよりも、ちょっと下のところで頑張って結果を出したほうが、スポットライトが当たる範囲は広いんだよ」。そんなことを高校生や親御さんに話して、うちの大学に来てもらうんだ。

いい入口で入ったなぁと思っても、出口になったらまるっきり逆だったり、その逆もあったりするわけだよ。入りたくないなぁと思ってある入口に入っちゃったけど、出口に行ったらだんだん開けてくるといった場合もあるんだ。

リーグ戦で勝つ、優勝する、全国大会に進む、大学日本一になる。そういう実績を作りながら、学生の就職先をしっかり面倒見る。これが両輪で回ったら最高なんだけど、なかなかそううまいことはいかないもんだ。

大切な息子を私に預けている親御さんたちの心配事は、ケガをしないだろうかとか、単位を落とさないだろうかとか、トラブルを起こさないだろうかとか、いろいろあると思うけど「うちの子、ちゃんと就職できるんだろうか」。これが一番の心配事だろう。私にも3人の子どもがいるけど、私だってそれが一番心配だった。

有名な会社や大企業に入ることが、いい結果だとも言いきれない。その会社にその学生が合うかどうか。そこはいつもすごく考えている。その学生は頭が切れるか切れないか。その次に融通が利くか利かないか。二通りで追いかける。二通りそろったやつは、一部上場企業でもやっていけるはずなんだ。

それでも最終結論は、行けるか行けないかわからない。本人の希望もあるだろうし、希望を聞いてから動こう、と私はやってきた。

バランスっていうのも考えておかなければならない。頭のいい人ばかりで企業が成り立っているかというと、そうではない。例えば、頭はいいけど体力が伴っていない人もいる。もちろんその逆の人もいる。企業だって、そのバランスを考えて人を採用しているんだ。どんな大企業だって、東大卒の社員ばかりじゃ会社は成り立たないだろう。

当然、頭が良くて体力もある人がいれば文句なしなんだろうけど、そんな人ばかりじゃない。体育会の学生は、どちらかと言えば体力のほうが勝っている。それを生かす道、職種だってあるんだ。そういう企業側のバランスも考えなきゃいけない。私は、学生たちにそんな話もする。

学生たちの就職先を探そうと、大きい会社の総務部、人事部の人に会いに、私は怖いもんなしの性格だから名刺1枚でどこでも行ったよ。

就職活動を始めた学生の中で、私はマネージャーの学生から先に就職先が決まるように頑張った。マネージャーは、本当は野球をプレーしたくて入ってきているのに、それを諦めて縁の下でチームのために尽くしてくれている。だから、最初に就職先を決めてあげたいんだ。

マネージャーの就職先が決まったら、次は「こいつは苦戦しそうだなぁ……」と思うような学生。これを何とかしてやらないといけない。野球部の学生ならどうぞどうぞ、ぜひ来てください、という時代もあった。入社してからは、もちろん本人の努力次第なんだけどね。でも、いまの学生は、そういうチャンスをなかなかもらえないから大変だよ。

「この子をいただきたい」って会社に言われて、「もうひとり、なんとか一緒にお願いできないでしょうか?」という申し入れをしなきゃいけないこともある。そんなことは人には言えないし、もちろん本人にも言えない。ずーっと内緒でいなきゃいけない。そういうのがきついんだよ。ブチ切れたら、本人にポロッと言っちゃうこともあるけどね(笑)。

横浜商大の野球部OBから、銀行の支店長が13人出ていると聞いたときには驚いた。ほんとかよ。これは誇りにしていいなと思う。13連勝よりすごいことだよね。

それなら、もっともっとお金を借りておけばよかった(笑)。ひとり1千万円ずつ借りて逃げちゃおうかなと言ったら、女房に怒られた。これは冗談。

２０２２年の都市対抗には、選手、マネージャーを含めてＯＢが18人出ていたそうだ。現在までに選手、コーチ、スタッフを含めると、横浜商大野球部のＯＢ１０８人が社会人野球のチームに携わってきたとも聞いた。そんな大学は、なかなかないらしい。

「監督さんは人を残していますね」と言われるのは光栄なことだ。なにしろ野球ではなかなか勝てないんだから（笑）、そういうところを評価してくれるのはすごくうれしいね。

「人材」と「人財」

「人材」という言葉に、「人財」という漢字をあてはめる経営者がこのところいるみたいだね。人は財産である、という考え方から「財」の字を使っているんだと思う。

私も40年近く大学の指導者をやってきて、たくさんの教え子を社会に送り出してきた。彼らがそれぞれ、進んだ先で頑張っていることはうれしいし、誇らしい気持ちにもなる。

新入社員のときは「人材」だったのが、それぞれの会社や組織で活躍して「人財」になってくれればいいんじゃないのかな。

横浜スタジアムに就職した馬場正幸は、いまは取締役営業統括部長として立派に頑張ってくれている。馬場のいいところは、人の話をしっかり聞けるところ。そして聞いたらすぐ準備、対応に入れるところだ。学生時代からそういうことができる男だった。大学に入ってきた頃は、そんなに頭の切れるほうではなかったんだけど、私のビンタを何度か受けるうちに、その衝撃を身体全体で受けて配線がきちっとつながったんじゃないかな（笑）。

馬場は私が監督になった年に、横浜商大高校から投手として入学してきた。私の監督としての1期生になる。その代は新入生のときに30人だったのが、卒業のときには8人になってしまっていた。やんちゃな学生が多かったので、ちょっと可愛がりすぎてしまったかな（笑）。

あるとき、オープン戦に出かけていって馬場が不甲斐ないピッチングをした。

「ここから走って帰れ！」と怒鳴りつけてやったら、「はい！」と返事をして走りはじめた。どこのグラウンドでのオープン戦だったか忘れたが、うちの合宿所まではは相当な距離があったと思う。

大丈夫かなとちょっと心配したが、あいつ、ちゃっかりバス賃をポケットに入れていたらしい（笑）。馬場にはそういう知恵があった。

でも、私に見つからないところで、すぐバスに乗ったわけじゃないという。自分の不甲斐ないピッチングを反省し、走れるところまでは走って、いよいよもう体力の限界だというときのために用意したバス賃だ。無理して走って倒れたり、死んじゃったりしたら取り返しのつかないことになる。馬場はそういう想像力も働く男だ。監督に怒られて走って帰るのに、バス賃を持って走り出すなんて、聞いた私が笑ってしまったのだから、たいしたやつだった。

野球はなかなかうまくはならなかったが、4年間しっかり頑張ったのち社会に出て、いろいろ苦労しながらも、いまでは取締役営業統括部長として頑張っている。横浜スタジアムは春秋のリーグ戦や、秋の関東大学野球選手権の会場として使わせてもらっている。いまでは、こっちのほうが大いにお世話になっている立場だ。

「横浜商大野球部は、就職は100パーセント、1000パーセントですね」って言われたこともあるけど、それに関しては私自身にも自負がある。彼らを希望するところに送り出すことができたのは事実だからね。

彼らが「人材」から「人財」になってくれたかどうか、それは人が判断することだ。私が判断することではない。でも、よくやってきたなと自分でも思う。

教え子たちには、まわりの人から信頼される人間になってもらいたい。そのために、例えば人が嫌がること、人がやりたがらないことを率先してやってみようということを、私は学生たちに繰り返し言ってきた。そうしたら、次第に「あいつは人がやりたがらないことを平気でよくやってくれている」とまわりの人が思ってくれる。嫌なことを平気で率先して頑張っていると、評価も上がるものなんだ。

「成功」と「失敗」

「成功」と「失敗」というのは、他人が決めることじゃない。自分で決めること。

自分が成功だと思ったら成功だし、失敗だと思ったら失敗なんだ。自分で決めていいんだよ。

試合に勝てば成功、負ければ失敗とも限らない。負けても自分が成功だと思ったら成功なんだよ。例えば、事業で大金をつかんだから成功なのか？　儲からなかったら失敗なのか？

そうじゃない。

あることが起きて、そのときは失敗だと思っていても、何年後かに、それが成功だったと気づくことだって多々あるだろう。

成功なのか失敗なのかは、そのときに決められるものではないんだよ。

そもそも人間というのは神様じゃないんだから、ミスも失敗もするものだ。それより、失敗以上に悪いのは、言い訳をすること、自分の失敗を認めないことだよ。

では、失敗はなぜ起きるのか。気の緩みだ。だから、自分が失敗したと思ったらそれを認めたうえで、直せるところはすぐに直さなければいけない。

最善と思われる準備をしていたって、失敗することはある。それはしょうがないよ。みんなが踏む道だ。それこそ裸になっちゃったほうがいい。自分の力が足りなかったと反省するんだよ。それでいいじゃないか。力をつけるために、また頑張ればいいんだから。頑張っていれば、応援してくれる人、後押ししてくれる人、手助けしてくれる人が出てきてくれるものなんだ。

聖人君子になれって言ってるんじゃないよ。正直になればいい。さりげなくやればいいんだ。チョンボもあっていい。それが、許せるチョンボならいいんだよ。頭を下げて、またやり直せばいいだけなんだから。

先生になる人っていうのは、子供の頃から大人の言うことをよく聞いて、学校の成績も良くて、高校、大学としっかり勉強をしてきて、教員採用試験にも合格して、順風満帆で教職に就く人がいいかって？

そんなわけないだろう。

順風満帆で先生になってきた人に、学校へ行きたくない子の気持ちが理解できるのか？　授業を聞いても全然わからない子の気持ちを理解することができるのか？

失敗、挫折を経験せずに成功ばかりで先生になった人は、学校へ行きたくない子の気持ちが理解できないだろうし、いまの教育現場はそういう子を相手にしていない。みんな爪弾きだよ。そういう子に、「また学校へ行きたい」と思わせることが本当の意味での教育だろう。

教え子の中には、勉強ができる子もいれば、できない子もいる。運動が得意な子もいれば、得意じゃない子もいる。活発でクラスの中心にいる子もいれば、学校に行きたくない傷ついた子だっているだろう。

心に傷を持っている子に寄り添って、成長に力を貸してあげること。教えて導いてあげることが先生の仕事だよ。国語や算数を教えるだけが先生じゃないんだ。

先生になるのは、苦労をした人のほうがいい。失敗や挫折を経験した人のほうがいいと私は思う。そうじゃなきゃ、子どもたちを教育、指導なんてできないよ。

自分で失敗を経験して、気づいてそれを乗り越えた人が本当の先生なんだ。

何か問題が起こるとすぐ逃げる、人に責任転嫁する、そんなやつが先生として人を育てるなんて、できっこない。失敗をする、挫折をする。でもそこから逃げないで乗り越える。先生には「実践理論」でいろんなことを経験してほしい。

何度も言うけど、逃げない、ぶれない、隠れない、嘘をつかない。教育ってそういうことだろう。逃げないで生徒と向き合う。それに尽きるんだよ。

第3章

野球

「野球」と「野球道」

高校3年の夏、私は横浜第一商業のエースとして、神奈川県大会を勝ち抜いて甲子園に出場した（1966年・第48回全国高校野球選手権大会）。県大会では逗子開成高校、慶應義塾高校、浅野高校を破って決勝進出。決勝の相手は本命と言われていた武相高校だった。ここで踏ん張って、1対0の完封勝利。横浜第一商業にとって初めての甲子園出場だ。初戦の途中で点を取られたけど、それから決勝まで33イニング連続無失点だった。とにかく勝つために腕を振って、気づいたら武相を倒して、勝っちゃった、優勝しちゃったのかと身震いするような感じだった。涙がぶわぁっとあふれてきたね。

甲子園球場に初めて行ったときは、とにかく大きくて広くて驚いた。外野のフェンスがずっと向こうのほうに見えたし、スタンドもやたら大きかった。応援団のアルプススタンドなんか、こちらに覆いかぶさってくるんじゃないかと感じるぐらいに大きく見えたもんだよ。

真夏の炎天下だ。甲子園のマウンドはさぞ暑いんだろうなと心配していたが、行ってみるとさわさわと風が流れていて、意外と涼しくて居心地のいい場所だったね。

甲子園では1回戦、駒大苫小牧高校（北海道）を13対3、2回戦、郡山高校（奈良）を6対2で破って準々決勝まで勝ち上がった。

準々決勝の相手は松山商業（愛媛）。相手のエースは西本明和投手（元広島東洋カープ）。巨人に行った西本聖さんのお兄さんだ。西本明和投手はすごい球を投げていた。しかも、バッターとしても超高校級と言われていた。

「俺のシュート回転の速球で懐を突いて、低めにドロップを決めて、最後は真っすぐで三振に斬って取ってやる。打てるもんなら打ってみろ！」

そう思って投げ込んだストレートを、右中間スタンドに持っていかれた。腰が抜けそうになったね。信じられないというか、夢を見ているような感じだった。結局、準々決勝は2対4で負けて、私の高校野球は甲子園ベスト8で終わった。

やるだけやったという達成感はあったけど、心の奥のほうには、やっぱり悔しさというか負けじ魂はくすぶっていた。優勝した中京商業（愛知＝現中京大中京高校）も「野球」は強そうだったけど、「ケンカ」だったら絶対負けないのになぁ（笑）。そんなことを思ったもんだよ。

ちょっと速い球を投げて、甲子園でエースとしてベスト8まで勝ち進んで、横浜に帰ってからはみんなからチヤホヤされて、私は舞い上がってしまった。調子に乗っていたんだね。

ふと気がついたら、自分のまわりには友だちが誰もいなくなっていた。裸の王様だ。あれはつらかった。

そのときに味わった孤独感が、自分にとっての「野球道」の入口だったんだ。

私は、野球は下手でも一生懸命努力する選手が好きだ。それは、自分自身がそれとは真逆の選手だったからだろう。

私みたいな人間が、なんとかここまで人の道を大きく逸脱することなくやってこられたのは、野球があったからだ。

高校時代、一生懸命野球をやっていた一方で、若気の至りでケンカにも精を出していた。任侠映画が好きで、たくさん見てきた。野球に出会っていなかったら、もしかしたらそっちの方面に行ってしまっていたかもしれないね。

だから「野球」「野球道」というものに対して、感謝という言葉だけでは表しきれないぐらいの思いを持っているんだ。

味方がエラーしたときに備えての「バックアップ」、自分を犠牲にして走者を前に進める「送りバント」。野球には、人生につながるものがたくさんある。

野球では「心・技・体」が重要だと言われる。この三つはどれも等しく必要なものだが、私はどちらかと言えば「体」から入るほうだ。

預かっている学生によっては「心」から入ったほうがいい者もいれば、「技」から入ったほうがいい者もいる。その学生によって、鍛え方は違ってくるんだ。

例えば、体格に恵まれていて、投手としての能力も高い。ところが心が未熟だという学生。それならば心から鍛えなければいけない。私は、ずばりこう言う。

「おまえ、心がいいものを持ってないな。身体も技術もいいものを持ってるけど、心が腐ってるから、上から全部腐るぞ」

日本生まれの柔道や剣道、空手道には「道」がついているけど、欧米から入ってきたスポーツで「○○道」って言われるものって、野球ぐらいじゃないのかな。

「サッカー道」「バスケットボール道」「バレーボール道」「テニス道」「バドミント

ン道」「ゴルフ道」っていうのは聞いたことがないもんな。

身体と身体のぶつかり合いがあるラグビーなんかは「心・技・体」というのを競技の中で教えていると聞いたことがある。

野球からいろんなことを教えてもらったが、もちろん、理不尽なこともたくさん経験した。私の通っていた中学校には野球部がなかったので、中学生の頃は大人の草野球に入れてもらって野球をやっていた。高校に進んで初めて本格的な野球に触れ、運動部独特の上下関係とか礼儀とかしきたりとか、そういうのには正直面食らったもんだよ。

野球部の先輩というのは、こんなに怖いものなのか。中学時代には、横浜線沿線に敵なしの番長として鳴らしていた私だったが、高校野球部の先輩たちの醸し出す迫力には驚いたよ。

置いてあるグラブをまたいだ、と言ってはビンタ。あいさつの声が小さい、と言ってはビンタ。

最初のうちは意味がわからなかった。中学時代にそういう上下関係を経験していなかったこともあるが、高校野球というのはもっと理の通った世界だと私は思っていたんだ。

2年生になると、今度は後輩が入ってきた。入部したばかりの1年生が、よくわからない理由で3年生にビンタされるのを見ると、なんだか無性に腹が立った。

「なんでビンタするんですか？　こいつが何か悪いことでもしたんですか？」

そう言って、3年生に食ってかかったこともあったよ。

自分が理不尽だなと思ったことは、後輩には経験させたくない。私は高校3年間、後輩に手を上げたことはなかった。

「野球」と「ベースボール」

野球は「心・技・体」を鍛えるスポーツだ。

日本の「野球」とアメリカの「ベースボール」は同じスポーツであるはずなんだけど、ベースボールにおいては「心・技・体」とは言わないよね。野球は日本で作り上げたものだから、「心・技・体」を重要視する。「心・技・体」が本流に通っているんだ。アメリカから来た「ベースボール」を、先人たちがみんなで「野球」というものに作り上げてきた。だから「剣道」「柔道」などと同じように「野球道」と言うよね。

１８９４年（明治27年）に中馬庚という人が「ベースボール」を「野球」と訳し、それ以降、野球という名称が使われるようになったようだ。ベース＝塁、ボール＝球だから、「塁球」になってもよさそうなものだけど、そうはならなかった。塁球というのはソフトボールのことだ。

ボールを野原で追っかけるわけだから、おそらく野球の「野」は野原の「野」からきているんだろう。野原でやってきたから「野球」。ぴったりじゃないか。

昔は近所の空き地で野球をやってたら、打ったボールが人の家のガラスを割っちゃって「バカ野郎！　こんなところでやるな！」なんて言われて怒られたもんだよ。

このアメリカ発祥のスポーツが、日本で国技に近いほどの国民的スポーツになったのは、先人たちが「心・技・体」を重要視し、日本固有の野球というスポーツを作り上げてきたからだと思う。

今年３月のＷＢＣでは、侍ジャパンがアメリカ代表を決勝で破って世界一の座についた。同じ日本人、野球人として私も本当にうれしかった。でも、野球とベースボール、どっちが上だとかどっちが下だとか、そんな考えは私にはないんだ。野球にもベースボールにも、それぞれ良い点がある。お互いがお互いの良さを見習いながら、ともにレベルアップしていくのが理想なんじゃないかな。

ベースボールが野球を上回っているのは、得点、失点、打率、防御率などだけじゃなく、近年はセイバーメトリクスなんていって、選手を評価する細かい数値の基準を出していることが挙げられるだろうね。最近は日本でも使われるようになってきたみたいだけど、これはやっぱりアメリカのベースボールのほうが進んでいる。個人の数字、集団の数字、成績評価といろんな分野における数字を出しているよね。

選手にもいろんなタイプがいる。バッティングはダメだけど肩はいいとか、あいつばブロックの仕方がうまいとか、タッチの仕方がうまいなぁとか、逆にタッチをかいくぐるのがうまいとか、ハーフバントを処理するのがうまいなぁとかね。

野球というものを個々に捉えたら、いろんなポイントがある。それをつなげてつなげて、守備ではアウトにもっていかないといけないし、攻撃では1点につないでいかないといけない。

ちょっと前まで日本の野球は「ゴロを打て」だったけど、いまはメジャーから来た「フライボール革命」とかいって、強い大きな打球を打とうという方向に進んでいる。それはそれでいいと思う。筋力トレーニングもどんどん進んできているわけだから、非力な打者がどうやって飛距離を出すか、それは個々で大いに取り組んだらいいんじゃないかな。

日本人は非力だなんて、いまは言ってられない。なにしろ大谷翔平選手が、メジャーであれだけのホームランを打っているわけだから。「大谷選手のトレーニングを参考にしたい」と言うメジャーリーガーだっているっていうんだからね。

「サッカー」と「野球」

去年はサッカーの日本代表が、ワールドカップでドイツやスペインという強豪を倒して盛り上がっていた。

勝った負けたに関しては、私みたいなサッカーを知らない人間が語るもんじゃない。でも、日本代表選手が世界の大舞台で頑張っているんだから、そりゃあ日本人としては応援したくもなるよ。サッカー日本代表が、自分たちより強い国をふたつも倒した。それは素直に喜ぶべきことだよね。

もっと言えば、サッカーのニュースを見ていたら、海外まで応援に行った日本のファンが、試合後にサッカー場のスタンドのゴミを拾って掃除していたという。ファンだけじゃない。日本代表の選手たちも、試合で使った更衣室をきちんときれいに掃除していたようだ。

同じ日本人として、あれはうれしかったよ。これこそが、日本人の心だと思う。

野球とサッカー、どっちが上だとか下だとか、そんな問題じゃあないんだ。

ただ、戦争に負けて焼け野原になった日本が、ここまで経済発展を遂げたということに、野球が果たした役割はすごく大きかったと思う。当時のサッカーは、いまのような人気スポーツではなく、どこでも子どもたちが盛んにやっていたわけじゃないからね。

経済、国力、教育、いろんな面において野球は日本に多大なる影響を及ぼしてきたんだ。野球がなかったら、日本のここまでの繁栄はないよ。それは海外に行ってみたらよくわかる。

日本の若者たちの有り余るパワーを野球に注げたということは、計り知れないほど大きな野球の功績だ。私自身も、野球を覚えることによって人生を覚えていったという実感がある。いろんな角度からの見方で、いろんなことを考えさせてくれたんだ。野球が好きで、監督という仕事が好きだ。私は野球に対して、深い感謝の気持ちがある。

野球のおかげで真っ当な人生を歩むことができた、野球のおかげで成長できた、そういう人って世の中にたくさんいるだろう。

侍ジャパンで活躍したダルビッシュ有投手。今回のWBCでは代表チームの精神的な支柱として、プレー以外の部分でも素晴らしい働きを見せてくれた。彼なんかも中高時代は相当やんちゃだったと聞くけど、プロ野球、メジャーリーグで野球に真剣に取り組んだことによって、いろんなことに気づいたんだろう。いまや、まわりの人たちから大きな信頼を勝ち得ている。

野球はチームスポーツでありながら、サッカーとは違って、最初から最後まで投手と打者との一対一の対決があったり、一球一球、間《ま》があったり、そういうところが日本人には合っていたんだろうね。日本古来の武士道や柔道、剣道というのも、一対一の対決で相手との間《ま》を計りながら戦うわけだから。

その野球が近年、時間がかかりすぎることや選手たちの健康面を第一に考えるという理由から、延長タイブレーク制や球数制限が取り入れられたり、国際試合では7イニング制が取り入れられたりしている。時代の流れとはいえ、野球が形を変えてきているのは、私としてはちょっと寂しい気もする。

選手たちの健康面を気にするのは大事なことだ。でも、ちょっと過保護になっているんじゃないか。私はもっと野球はシンプルにやるべきだと思っている。ルールの改正によって、野球の面白さがちょっとずつなくなってきているようで、残念な気持ちになってしまうんだ。

トレーニングがこれだけ緻密になって進化してきているわけだから、もっと人間はチャレンジできるんじゃないか。何でもかんでもルールで縛るのは、違うんじゃないかと私は思う。

WBCでも活躍したロッテの佐々木朗希投手が高校3年の夏、あとひとつ勝てばチームは甲子園に行けるという岩手県大会決勝で、大船渡高校の監督は佐々木投手を登板させなかった。私はそのニュースを見てがっかりした。大船渡野球部の部員は全員、佐々木投手のために野球をやっているのか？　違うだろう。

エースが決勝に登板していれば、甲子園に行けたかもしれない。甲子園っていうのは、勝利至上主義の権化みたいに言って批判する人がいるけど、それはまったく違う。甲子園に出たことによって得られるもの、人間形成につながることは本当に大きいんだよ。

チームメイトのみんなと一緒に甲子園に行きたいと、佐々木投手も思っていたはずだ。決勝も投げたかっただろう。ところが、将来がある投手だから、プロに行く投手だからって特別視する。それは、完全におかしい。

甲子園、高校野球というのは、やはり本当に素晴らしいと思う。若者たちが全力で高校野球に打ち込んでいく姿に、人間の生命力そのものを感じる。高校野球は日本にしかない貴重な文化として、世界遺産になってもおかしくないと私は思っているくらいだ。

私は、甲子園の準々決勝で負けて、ジュースの空き缶に甲子園の土を入れて持って帰ってきた。ときどき見返したその土が、若い頃の私にとっては人生の支えになっていた。缶の中の土を見るたびに、「甲子園に出た者がいいかげんなことをやっちゃいけない」と思ったものだ。いろんな場面で、甲子園の土は私にブレーキをかけてくれたんだ。

仲間たちと頑張って甲子園ベスト8まで進んで、いろんな思いがあるんだけど、私にとっての甲子園の一番の思い出というと、甲子園球場そのものや大会で投げたことよりも、宿舎に大量に用意されていたリポビタンDだ（笑）。

あの頃は、ドリンク剤なんか普段の生活では飲めなかったんだ。それが泊まっていた竹園旅館にボコーンとたくさん置いてあったから、当時としては夢みたいな話だった。大正製薬、鷲のマークのリポビタンD。疲れが取れるとか取れないとか、栄養があるとかないとか、そんなことはよくわからなかったけど、珍しいから飲めるだけ飲んだね（笑）。

竹園旅館のすき焼きも美味しかったけど、甲子園といえばまず最初に思い出すのがリポビタンDなんだ。

「プロ野球」と「アマチュア野球」

「プロ野球」の選手と「アマチュア野球」の選手。その違いは何かと言ったら、まず技術的なことがまるっきり違う。やっぱりプロ野球に行く選手は、技術、体力において優れている。「心・技・体」で言ったら、「技」と「体」は我々アマチュアとは全然違う。

では「心」はどうなのかと言ったら、そこが欠けているプロ野球選手がとても目につく。「心・技・体」の三つを兼ね備えているのが、アマチュア野球のトップ選手だ。だが、残念ながら、プロには「技」と「体」のふたつしかない人間が多く見受けられる。

プロ野球で活躍するような選手は、「心・技・体」を全部クリアできているすごい人たちだと昔は思っていた。でも、それは違うんだということがわかった。

あるプロ野球選手が20代女性に対し、自分勝手な性行為を再三要求し、妊娠がわかってからは中絶を強要したというのが週刊誌の記事になった。彼には完全にしつけが足りていない。ふしだらで、自分勝手で、そんな選手の言うことに重みなんかあるはずがない。

プロ野球選手ほど、もっともっと自分を律しないといけない。これは本能だからいいじゃねぇかじゃないんだ。モテるからいいだろう、金があるからいいだろうじゃないんだよ。

もちろん、プロ野球の世界にも「心・技・体」の三つを備えた立派な人物もいるよ。でもこのところ、そうじゃない者がやたらと目についてしまう。社会常識、社会勉強の足りない者がたくさんいる。そういうことって、アマチュア時代に勉強してきたはずなんだけど、まるっきり忘れてしまっているんだよ。ファンやまわりの人にチヤホヤされて、その気になっているだけ。覚せい剤に手を出して逮捕された者もいた。

実るほど頭《こうべ》を垂れる稲穂かな。

「心」の大切さを、もう一回思い出さないといけないよ。そうやって教わり、自分が通ってきた道じゃないか。

そんな連中は、野球を辞めたら誰にも相手にされないんだ。現役を辞めてもプロの世界に残る人間の多くは、「心」を持っている。私は「引っかかる」という表現をするんだけど、プロに引っかかる人間は、バッティングピッチャーだってみんな「心」を持っている。

プロ野球でちょっと有名になって調子に乗っている連中は、それこそ権利だけが先行して義務と責任を忘れている。だから「心・技・体」の「心」が抜けてしまうんだよ。

でも、これはプロ野球の世界に限らず、いまの社会全体に言えることかもしれない。「心」が抜けて「技」と「体」だけが先行している。その風潮を代表しているのがプロ野球選手だ。私はそう思う。

そんな中で、侍ジャパンの指揮官を務めた栗山英樹監督。彼は「心・技・体」を追いかけている立派な男だ。侍ジャパンの選手たちに「心・技・体」を教育できる、監督として適任の人物だった。ＷＢＣでも素晴らしいチームを作り上げ、見事世界一の座を勝ち取ってくれた。

プロ野球の選手は、プレーを人に見せるのが仕事だ。では、誰のためにプレーするのか？　それはファンのためでもあり、自分のためでもある。

プロの場合、プレーの部分においては問題ないだろう。必要なのは人間としてのルール、常識。それを持ち合わせておいてほしい。

もちろん、野球のゲームが始まったら、そんなものは全部、ほっぽっちゃえばい い。チームのため、自分のためにプレーするだけだ。

では、アマチュア野球の選手は、誰のためにプレーするのか？

それは、自分のためだよ。自分のためにプレーすることで、両親、家族、友人、知り合いに影響が波及していくんだ。

私は、これまでに10人の教え子をプロ野球の世界へ送り出してきた。最高峰の世界に挑戦しようという彼らに掛ける言葉は「踏ん張れ」だった。「頑張れ」とは言ったことがない。やっぱり「踏ん張れ」だよ。「頑張る」と違って「踏ん張る」には粘り腰がある。

「さりげなく踏ん張れ」

そう言って、私は選手たちを送り出してきた。

横浜商大からプロに進んだ選手たち、やっぱりみんないいものを持っていたよ。

「技」や「体」というのは親からもらった部分が相当ある。でも「心」っていうのは、作り上げていくものだ。「心」という漢字には点がふたつある。これは「人」を表すんだよ。私はそういうふうに解釈している。

「技」と「体」はあるけど、まだ「心」が足りていない者は、これから踏ん張って、「心」を作り上げてほしい。そう願っている。

「体育」と「スポーツ」

「体育」と「スポーツ」とはもともと違うものだ。ひとつの目的を達成するためにやっている、というところは共通点になるけどね。

体育というのは、身体を鍛える、育てるもの。自分のために限界まで挑戦をするという位置づけでいいと思う。

スポーツというと、かなり範囲が広がってくる。スポーツというのは協調性だとか社会性、それから指導力だとか、そういういろんなものが加味されているものだ。

その人その人の表現があるだろうけど、スポーツは楽しくやるんだよと。楽しくスポーツをやっていく中で、人間にとって不可欠なものが培われてくる。スポーツは教育と密接につながっていると私は思うんだ。

ただ、やっぱりプロのスポーツ選手になったら楽しむだけのものではなくなってくる。子どもの頃は楽しくてそのスポーツを始めるんだけど、上に行けば行くほど、楽しいだけではやっていけなくなるんだ。

極端な話をすれば、もしスポーツがこの国からなくなってしまったら、ルールもへったくれも何もなくなってしまうわけだから、それこそ利己主義で、自分さえよけりゃあいいという考え方の、良くない国に変化してしまうんじゃないだろうか。金正恩、習近平、プーチンみたいな利己主義者がぞろぞろ出てくるよ。あいつらは、都合の良くないことが起きたら言い訳をしながら、人に責任をなすりつけるだけの人間だからな。

私は40年近く、大学野球の指導者としてやってきた。教育者としてやってきたと言ってもいいだろう。学校の先生以上に教育というものを深く追求し、教育を深く知り、熱意を持ってやってきたつもりだ。

熱くても、自分のためだけに熱いやつはすぐに冷めちゃう。誰かのため、世の中のために熱くなっているから、熱は簡単には冷めないんだ。

学問を教えることだけが教育ではない。この国は、もう一度スポーツも含めた教育というものを、見直す時期にきていると私は思う。

誰もが憧れるプロ野球選手になってても、天狗になってえらそうな態度を取ったり、常識からかけ離れた行動を取ったり、人間としてのモラルに反した行為に走ったりしてしまう者がいる。それで、まわりの人に迷惑をかけたり、傷つけたり、嫌な思いをさせたりしていることに、本人たちはバカだから気づいていないんだ。とても残念だし、腹立たしい。

いまはプロ野球選手になったら、新人講習会などで世間の常識などを教えているようだ。それでも現役中や引退後に、野球人としてというより、人として恥ずかしい行為に手を染めてしまう者がいる。新人講習会だけではなく、もっともっと普段から社会勉強をやり直させるべきではないか。そうじゃないと、野球界の未来は明るくならないよ。

「ルール」と「マナー」

スポーツには「ルール」と「マナー」がある。

ルールというのは、そのスポーツ、その種目をやるために設定されているもので、守らなければならないもの。

マナーというのは、人間として守らなければならないもの。いわゆる常識的なことだ。

では「常識」って何だろう？　性善説、性悪説というのがあるけど、性善説をひもといて感じてみなさいと。そうするとマナーとして、常識として、おじいちゃん、おばあちゃんたちが言っていることに遠回りして到達する。

だから、守らないといけない、というふうに私は思う。

テニスの大坂なおみ選手が、試合中、うまくいかないときにラケットを投げてしまって批判されることがあった。ルール上、禁止されているわけではないけど、マナーとして、これはやっちゃいけないよね。ルールを包むものがマナー。それは日本人だから云々じゃない。スポーツマンとして、守らなければいけないものだ。大坂選手は、もうちょっと社会勉強をする必要があるね。

メジャーリーグで活躍している大谷翔平選手は、折れたバットを拾ってあげたりだとか、グラウンドでゴミを拾って自分のポケットに入れたりだとか、そういうマナー面でも現地のマスコミや野球ファンに称賛されている。日本人として、きちんと正しいことをやってくれているなぁと私はうれしく思う。

日本の良さ、日本人の良さって何だろう？　日本は四方八方を海に囲まれているため、欧米と比べていろんな面で遅れているような見方をされている。でも、こういったマナー、礼儀など、人間としてかけがえのないもの、日本人の良いところっていくつもあるんだよ。

そこには、先祖からの教えもあるだろう。人に対する考え方も、人はひとりでは生きられない、支え合ってこそ生きられるという思想。そういうところまで奥深く考えて知っていくという部分、昔の人から受け継いできた部分、これらはずっと今後も大切にしていかなければならないものだと私は思う。

「投手」と「野手」

「投手」に向いている性格と「野手」に向いている性格というのはある。

投手は何よりも強気なこと。打たれてもともとなんだ。開き直りとともに、強気に投げ込んでいく。それぐらいの心意気があったほうが、ピッチャーには向いている。前を向いたら打者をにらみつけて「俺のボールを打てるもんなら打ってみろ」。投げるボールの質ももちろん大事だけど、やっぱり一番は投げっぷりだろうね。気持ちが大事なんだ。

後ろを向いたらバックの野手にニコッと笑って、「しっかり守ってくれよな」。それでいい。その繰り返しだ。

野手は、俊敏性と先を読む力を持っていなければならない。アウトカウントによって、どういう守りをしたらいいかとか。それもポジションによって違うわけだから。

投手には軟投派と力投派がいるけど、どちらにしても重要なのはストレートをきちんと放ることだ。ストレートが走らなきゃ、何にもならない。これは鉄則だ。

1年生のピッチャーが入ってきたら、欠点を直していくというよりも、そのピッチャーの良さを伸ばしてあげるように私は心がけている。とくに指先の感覚というのは、他の人のやり方を真似しようと思ってもなかなかできないものだ。

とにかくスケールの大きなピッチャーになってほしい。ストレート主体で、ズドーンと放れる本格派のピッチャーになってほしいんだ。

私は、ピッチャーの技術的なところはあまりいじくらない。全体のバランスを重要視しているからだ。

プレートを蹴ると同時に腕を振れと言う。必ず回転がないと投げられないんだから、放っておいてもひねりは生まれる。だから、私は蹴るときに腕を振れと指導するんだ。限られた間《ま》の中で回転しなければ、いいボールは放れない。そこで、ひねりという説明をカットして、蹴るときに腕を振れと。そういう指導が私は正解だと思っている。シンプルに言われたほうがわかりやすいだろう。

私はピッチャーを見るときは、パッと見てそこから入る。そして、現状について指摘する。蹴るまでに時間がかかりすぎるんだよ。蹴ると振るはイコールだから、やってみろと。やってボールに勢いがあるかないか、キャッチャーに見てもらえと。自分で判断するな。俺も判断はしないよ。キャッチャーに聞いてみろと。

「ホップしてます」

「捕りにくいです」

タイミングを変えてみて捕りにくいということは、いままで捕りやすかったのか。それじゃダメなんだよ。バッターを打ち取らなきゃいけないんだから、キャッチャーが迷うぐらいのボールを放らなきゃ。蹴ると同時に腕を振ればいい。何も難しいことは言っていない。それができるようになれば、バランスが良くなるんだ。そういう論法で教える。これは自分で思って実践している指導方法だから、人にそうしろとは思わない。

セットポジションのときは、ボールを持つ位置は胸の前だ。赤ん坊は胸で大切に抱くだろう。その感覚でボールを優しく丁寧に扱う。大切に扱ったボールは思いがあるから、思ったところにボールが行くんだ。

ボールには108の縫い目がある。これにだって意味はあるんだろう。1試合を

108球で投げ終えなさいよ。1イニング12球だから、パーフェクトピッチングか、ノーヒットノーランか、完封か。常にそこを目指しなさいよということなのかもしれない。

私は先発すればたいていひとりで投げ切って、9回を120球とか130球で投げた。監督さんからは、練習ではその3倍投げろと言われて、月に一度ぐらいは300球投げていたこともある。

260~300球ぐらいの投げ込みは必要だ。疲れてきたところで本当のピッチングフォームが身につくものなんだ。その代わり、翌日はノースローにして、走り込みだけで汗をかいて終わってもいい。それもメリハリだ。

私は投手出身だけど、野手も一通りは教える。バッティングの際、ボールを横から見るのはダメだよ、上から見るんだよと。でも、上から見られるかっていったら見られない。じゃあ、斜《はす》から見るんだよと。

バントにもうるさかった。とにかくランナーを二塁へ行かせろと。野球では、バントができなきゃダメなんだよ。

インコースをバントするつもりで、打席いっぱいに立てと。それで、インコースのボールをバントする。できなきゃ顔面でしろと（笑）。極論だけど、必ずインコースに来ると思ってバントしなさい。そのとき横から見るんじゃないよ、斜《はす》から見るんだよってね。

私はピッチャーだったから、バントは結構させられた。そういう経験があるから、バントに関しては自信を持って教えられるんだ。

大阪桐蔭高校だって横浜高校だって明徳義塾高校だって、強いチームはバントをきちんと決めてくる。0対0で無死からランナーが出たら、よっぽどのバッターじゃない限り私は送ってきた。送りバントが良いとか悪いとかいうんじゃなくて、戦法のひとつとして使うパーセンテージが高いということだ。

一方で、最近は無死一塁、1死一塁なんかで送りバントを使わない高校野球の指導者もいるようだ。野球というのは確率のスポーツだから、そのチームの打者がバットにボールを当てるのがみんなうまいのなら、私はそれもありだと思う。臨機応変、その場に応じての判断でいいんじゃないか。

ここは、常識から言えば送りバントだろうという場面でヒッティング。それなりの裏付けがあってそういう練習をやり続けている、オープン戦でもやり続けているというのなら、それはそれでいいと思う。これは確率の問題だからね。

「エースにふさわしい者」と「エースにふさわしくない者」

エースは勝敗を大きく左右する存在だ。「エースにふさわしい者」それは当然、結果を残せる人間であり、自己犠牲のできる人間だ。

どんなにいいボールを投げる投手でも、全試合勝てるわけではない。たとえ負けている試合であっても、チームのために全力で投げ尽くすのがエースだ。

エースというのは、ゼロに抑えてベンチに帰ってくるものだと私は思っている。ランナーを出してもいい。そのイニングを0点に抑えて帰ってくればいいんだ。それだけは強く思う。

味方のエラーで1点取られてしまった。そんなときもある。それでも味方を責めるなよ。ゼロに抑えたと思っていればいい。自責点はつかないんだよ。自責点というのは、投手にとってすごく便利なシステムだなと思う。

打たれるのは仕方がない。相手打者、相手打線のほうが上だったということ。だけど、フォアボールをいくつも出すこと。これはダメだ。それをわからせるために、徹底的に指導しなきゃいけない。

打たれてもいいんだよ。打球がフィールドに飛べば、野手に守備機会ができる。野手が打球を追いかけ、捕ってまた別の野手に投げる。そうすると、みんなで野球ができるわけだ。

不要なフォアボールは、投手のひとり相撲だ。

でも、デッドボールは別だよ。攻めた結果のデッドボールは仕方がない。

「不要なフォアボールを出すな」「打たれてもいい」というのは、「開き直れ」という意味でもある。私はそういう指導をしてきた。

エースはチームの誰よりも練習し、誰よりもよく走り、誰よりも自分に厳しくなければいけないというのは当然の話だ。エースの姿を見て、他の選手たちも続いていく。一生懸命練習し、走り、自分に厳しくするということが、チーム全体で当たり前になってくるんだ。

エースは「俺がこのチームを勝たせるんだ」という強い気持ちを持っていなきゃいけないけど、「俺のおかげで勝っている」なんて思ったら大間違いだ。

私は高校時代、そこを勘違いしてしまっていた。甲子園に出て名前を知られる存在になって、有頂天になっていたんだ。気づいたら、自分のまわりには誰もいなくなっていた。これほどつらくて寂しいことはないよ。

だから、自分で気づくしかない。自分で気づいて直せたやつは強くなる。人の気持ちもわかるんだから。いまは、本当にいい勉強をしたな、気がついてよかったなと思う。でも、大人になってから気づいたんじゃ遅いんだ。気づくのは、早ければ早いほどいい。

だから、高校時代の佐々木正雄投手は「エースにふさわしくない者」だった。ケンカばかりやってたしね（笑）。本当のエースは、ケンカなんかやらないよ。

試合に出るようになって、要するに目立つ存在になったら、ケンカをしなくても相手が下がるようになった。

投手・佐々木正雄は、ストレートで三振を取りたい、そればっかりだった。変化球で三振なんか取らない。男らしくストレートで真っ向勝負って感じだった。

私は身長1メートル70センチちょっとだったけど、真上から投げ下ろすストレートは、スピードガンがその頃あったら、140キロ台前半ぐらいは出ていたんじゃないかな。変化球はタテのドロップを投げた。巨人の堀内恒夫投手が投げていたような、ちょっとホップしてから落ちてくる変化球だ。その2種類のボールだけで、最後は真っすぐで三振を奪いにいくスタイル。好きな投手は、ザトペック投法の阪神タイガース・村山実投手だった。

ランニングは好きじゃなかったけど、ピッチング練習は熱心によくやったと思っている。投げるのは好きだった。投げていると、自分の実力がだんだん上がっていくことを実感できた。それが励みになったし、自分の中で勢いにもなっていったんじゃないかな。

でも、「能ある鷹は爪を隠す」って言うだろう。

「プロ野球」と「アマチュア野球」のところにも書いたけど、稲穂もそうだ。頭《こうべ》が大きくなったら垂れるんだよ。野球がうまくなって注目されたら、謙虚になるんだ。それって、私みたいに痛い思いをしないとわからないことかもしれないけどね。

「良いキャプテン」と「良くないキャプテン」

「良いキャプテン」と「良くないキャプテン」ということで言うと、まずキャプテンは信頼できる男じゃなければいけない。私だけではなく、まわりからも信頼されている人間であれば絶対だ。

キャプテンには、先頭に立ってチームをぐいぐい引っ張っていくタイプと、縁の下の力持ち的に黙々と行動で示していくタイプとがいるが、私は横浜商大のキャプテンには、両方を使い分けてほしいと言ってきた。その両方がミックスされていたら一番いい。

選んだキャプテンには、強弱を使えるようになってほしい。バランスっていうものが大事なんだ。なにしろキャプテンは、監督の代理、グラウンドで私の代わりになって動いてもらうんだから。私は「言うばっかりじゃダメだぞ、行動で示せ」「言葉に出してしっかりみんなを引っ張れ」と、それぞれのタイプに合わせて、一見逆のような言い回しを使いながら指導、教育をしてきた。

日大三高校、拓大紅陵高校、U18侍ジャパンの監督を歴任した小枝守は、私の日大時代の3学年後輩だ。小枝は裏表がなく「言葉」と「行動」が一致していて、年下ではあったが腹を割って話のできる本当にいい男だった。

その小枝は、どちらかというと黙々と行動で示していくタイプのキャプテンのほうが好きだ、というようなことを生前言っていたという。それはあいつの生き様だと思うよ。

いま、横浜商大の野球部でコーチをやってくれている野本健二。彼は学生時代、キャプテンを務めていた。まわりから信頼された、人間的に素晴らしい男だ。

野本は大学を卒業後、大手のスポーツメーカーに就職した。私は野本を会社に入れてもらおうと、社長のところへ頭を下げに行った。そしてその後、大学のコーチになってもらうため、その会社を辞めてもらうことになり、私はもう一度社長のところへ頭を下げに行った。今後の横浜商大野球部には、野本の力が必ず必要になると思ったからだ。

キャプテンにとって一番大事なのは、性格の良さだ。性格の悪いやつがキャプテンになったら、まわりの学生はついてこない。学生たちは正直だからね。一緒に生活しているわけだし。

信頼されて、引っ張っていけるやつがキャプテンになってくれたら、私なんかは口を出さなくてもよくなる。

キャプテンは毎年新チームがスタートするときに、私が指名して決めていた。みんなの意見を聞くんじゃなくて私が指名するんだから、キャプテンにチョンボがあったときは私の責任だと思ってやってきた。

キャプテンに一番必要なのは気持ちだ。技術はあとからついてくる。

これまでに、レギュラーじゃないキャプテンもいた。キャプテンはレギュラーの中から選んだほうがチームはうまく機能するという考え方もあるが、私は一概にそうは思わない。キャプテンになったら、キャプテンの器というものがだんだんそいつに備わってくるんだ。

「僕は技量的にダメなので、キャプテンを降ろしてください」

そんなことを言ってくるやつもいた。バカ野郎！　勝つことだけがすべてじゃないんだ。私はそのままそいつにキャプテンをやらせた。

キャプテンに指導したり叱ったりするときは、他のみんなにわからないように、呼んで一対一で話をしていた。

「うちのキャプテン、監督と同じことを言ってるだけじゃないかよ」

そんなふうに思われたらいけないからだ。

プロに行った岩貞祐太（阪神タイガース）や西宮悠介（元東北楽天ゴールデンイーグルス）がいたチームでキャプテンをやっていた山崎珠嗣《みつぐ》。あいつの人間的エネルギーはすごかった。横浜ベイスターズに行った山崎憲晴の弟にあたる。身体は大きくないんだが、打ってはリードオフマン、守ればショートを守って守備の要。まだ4年生がいる3年生の秋から、キャプテンをやらせたほどだった。

監督の意を汲めるやつで、こっちが何を考えているかを局面、局面であいつはわかっているんだ。山崎の言うことを引っくり返そうというときは、私にも勇気が必要だった。監督に気をつかわせるぐらいの、すごいやつだった。

卒業後は、社会人野球のJX－ENEOS（現ENEOS）で4年間頑張った。本当に、印象に残るキャプテンだよ。

私自身は高校時代、キャプテンではなかった。監督は、私をキャプテンにしようなんていう考えは毛頭なかったんじゃないかな。なにしろケンカばっかりやってたんだから(笑)。

キャプテンよりも、私のほうが当時は目立っていたと思う。でも、私は出すぎちゃいけないないなと、いつも思ってはいた。

「ベンチ入り」と「ベンチ外」

「ベンチ入り」の選手と「ベンチ外」の選手も、能力だけで決めるわけではない。こいつは下手であってもベンチに入れる、という場合もある。組織には、野球以外のプラスアルファも埋め込んでいかなきゃいけないからね。

うまい選手ばかり集めても、そいつらが勝手なやつばっかりだったらチームにならない。厳しい言い方をすれば、利己主義のやつばかり集めてもダメなんだよ。

野球はチームでやるスポーツなんだから、協調性がないといけない。「みんなのために」と思うのと同時に、「みんながいるんだ」という意識を持ってベンチに入れば、犠牲的な精神で突っ込んでいってくれる。そういうものなんだ。

野球はひとりでやるんじゃなく、チームでやるもの。そういう自己犠牲の精神が選手同士の信頼にも結びついてくる。野球っていうのはそういう部分で成り立っているんだ。ゲームをするためには準備や用意も含めて、サポートしてくれる人がいないと野球はできない。

これはもう当たり前のこと。だから私は、ベンチ入りメンバー以外の部員を大切にしてやってきたつもりだ。

例えば、ベンチメンバーに選ばれた者がベンチ外の部員を見下すような発言をしたり、そんな態度を見せたりしたときは大変だよ。それこそビンタが飛ぶね。

「誰のおかげで試合ができているのか！」ってね。

ベンチ入りしている25人っていうのは、それぞれにエゴが出てくるから、まとまりにくさはどうしてもある。ベンチ入りの選手とベンチ外の部員と、どっちが早くまとまるかっていったら、控えのほうがまとまる。これはもう紛れもない事実だ。

部員が100人ぐらいいるわけだから、ベンチに入れない部員のほうが多いのが現実だ。選手として公式戦のグラウンドに立つことはなかったけど、それでも裏方として野球部に立派に貢献してくれた部員はたくさんいる。

お芝居でも「縁の下の力持ち」っていうのは本当に大事な存在だ。会場、舞台をきちんと準備する人、音響を担当する人、照明を担当する人、そういう人たちがいるから舞台が成り立つ。演者だけではいいお芝居にはならない。陰で支えてくれている彼らを大切にしなければ、お芝居は絶対に成り立たないんだ。

「縁の下の力持ち」って、いい言葉だよね。含蓄のある、重みのある言葉だと思う。

「監督」と「コーチ」

「監督」と「コーチ」って近い存在だし、長い時間行動をともにするんだけど、やっぱり責任の重さがまったく違う。

コーチとして頑張っている人の中には、いずれは監督になる人もいると思う。そういう人が心がけていなければいけないのは、気づかいだ。自分の自己主張だけじゃない、気づかいというものがとても大事になってくる。

人のことを考えなさい。それがまず第一だよ。それができないやつはダメだね。あとはやっぱり、有言実行の人であってほしい。不言実行もいいけど、有言実行のほうがいい。しっかり言葉に出したうえで、その言葉に責任を持ってやり遂げる、貫くってことが大事なんだ。

言葉だけで何もやらねぇなんてやつは、はっきり言っていらない。そんなの通用しないよ。自分でみじめになるだけだ。気づかい、相手を思いやる気持ちを大事にして、自分の言ったことに責任を持ってやり遂げることだ。

いまの野球界は、監督らしい監督が少なくなったね。自分の思いを言葉にして出したら、まわりから刺されちゃうっていう。だったら言わないほうがいいと、事なかれ主義になってしまっているように思えてならない。

2019年の3月をもって、私は横浜商大野球部の監督を退任した。後任の監督には、コーチ、助監督としてずっと私を支えてくれていた井樋秀則が就任した。井樋は不器用だけど、すごく真面目な男だ。

34年間、井樋は本当によくやってくれた。普通の人じゃ絶対できなかったと思う。どれだけ井樋に助けられたかわからない。学生たちのために、私のために、いつでも身体を張ってくれた。逆らわない、嘘をつかない。頼んだことはどんな難しいことでもしっかりやってくれる名参謀だった。どんなに感謝の思いを尽くしても感謝しきれないぐらいだ。

監督に就任するにあたって、私は井樋にこう言った。

「同じ監督でも、俺と同じようなことをしようと思うな。俺とおまえとでは、指導者としての根底が違う」

監督が代わってから、部内でいくつかのトラブルが起こった。でも、それは監督・井樋秀則にとっての試練なんだ。自分の力でどんどん解決していかなければいけない。

あとはすべて井樋に任せると言ったので、私は野球部のグラウンドには極力行かないようにしている。連絡しなきゃいけないことは電話で話す。私は神奈川大学野球連盟の理事長をしているから、もちろんリーグ戦の試合会場ではいつも会う。いい関係なんじゃないのかな。

学生たちの入口や出口など、バックアップできることは何でもやろうと思っている。自分が情熱をかけて指導してきた野球部のことは、心から応援している。そんなの当たり前のことだろう。

先ほども名前を出したが、いま井樋のもとでコーチをやっている野本健二も、すごく真面目で人に愛される、気持ちのいい男だ。プロ野球のあるスカウトなんか、よく野球部にも私のところにも来てくれるんだが、顔を出すたびに、二言目には「野本君は元気ですか？」「野本君は今日いないんですか？」って野本のことを探しはじめる。

「野本、野本って、俺に会いに来てるんじゃないのかよ」

「野本に会いに来てるのかよ」

どうやら彼は、野本のことが大好きらしい（笑）。

去年から投手陣を指導してくれているコーチの須田幸太もいい男だ。

彼は早稲田大学、社会人のＪＦＥ東日本で投手としてプレーしてから、ドラフト1位でベイスターズに入団した。プロで8年間メシを食ったあと、社会人に戻って都市対抗優勝に貢献した。大学、社会人、プロ、社会人と経験しているだけあって、理論武装がしっかりしている。人間的にもよくできた素晴らしい男だ。

「教員」と「外部指導者」

教員採用試験が定員割れになっていると聞く。「教員」になりたいと思う若い人が減ってきているんだ。

スポーツ庁と文化庁が、公立中学校の部活動を地域団体や民間事業者に委ねる地域移行を進めている。関係者間の連絡・調整などを行うコーディネーターを自治体に配置して、体制を整備するという。さらには「外部指導者」の確保のための人材バンク設置を後押しして、経済的に困っている家庭の生徒への財政的な支援も実施するなんていう報道が出ている。

私は、国が進めているこの方向性に対しては、大いに不満を感じている。外部の事業者に部活動を任せてしまって、問題が起きた場合にその指導者は責任を取れるのか？

クラブチームにもメリットはもちろんあると思うし、クラブチームの指導者にも立派な方はたくさんいるだろう。

でも私は、中学野球、高校野球の監督は教員がやるべきだと思っている。外部の指導者では、起こり得るいろんな問題に対して責任を取れないからだ。

「責任を取る」って、どうすることか？

何か大きな問題が起きたら辞めるということではないんだ。そういうことが起きないようにすることなんだよ。子どもたちを預かる3年間、しっかり面倒を見る。野球をきちんと教えるということだけじゃなくて、社会勉強もさせる。そしてそのうえで、その子の希望する進路に近い方向へ送り出してあげること。

つまり、責任は取るものではなく、果たすもの。全うするものなんだ。

学校の先生には、やらなきゃいけないことがたくさんある。でも、勉強を教えるだけが先生の仕事じゃないんだ。勉強なんか10のうちの4ぐらいでいい。6〜7は社会に出るための勉強と、人間としてどのように生きていくべきかということ。そっちのほうが大事なんだ。国のやっていることを見ていると、そういう話がこれっぽっちも出てこない。

全日本軟式野球連盟が、中体連軟式野球部を指導する教員にアンケートを取った資料がある。2022年8月に取りまとめられたものだ。ここには、全国3000人近い中体連軟式野球部顧問の教員が回答している。

「あなたが教職に就かれた動機・理由として、最もあてはまるものを以下から選択してください」

この質問に対して、最も多かった答えは「学校生活全般を通して、生徒への教育、成長サポートに関わりたいと考えたから」。1800人ほどが、この回答を選んでいる。

次に多かったのは「部活動（野球）の指導を中心に関わりたいと考えたから」。1600人近くがこの回答を選んでいた。

「中学校部活動が地域移行となった場合、指導者資格の取得を希望しますか？」

この質問には、44・2パーセントの教員が「希望する」と回答している。

「中学校部活動が地域移行となった場合、指導を希望しますか？」

この質問には、54・3パーセントの教員が「指導を希望する」と答えていた。

教員の負担増、働き方改革が叫ばれる中、日本の中学野球界には、こんなにもたくさん熱意のある先生方がいるんだ。政治家たち、役人たちはこういうことをわかっているのか？

野球部を指導している教員の給料を、もっともっと上げなきゃいけないと私は思う。なにしろ、野球を通じて子どもたちにいろんなことを教えているんだから。「心・技・体」この三つを教えながら、人間的な常識、人としてやらなきゃいけないこと、考えなきゃいけないこと、続けなきゃいけないことを教えているんだ。

野球はひとりでやるもんじゃないんだよと。エラーしたらカバーリングをしてあげるんだよと。それは、心のカバーリングをしてあげることにもつながるんだよって。仲間との付き合いってそういうもんじゃないのかと、こんなふうに話は切れることなくつながっていくわけだよ。

先輩後輩の関係も教えなきゃいけない。まず言葉づかい。エラーした人が先輩だった。どのように対応していくか。同級生がエラーした。後輩がエラーした。どのような言い方をしてエラーをカバーし、仲間を励ましてつないでいくのか。これを考えさせなきゃいけない。落ち込んでいるやつがいたら、おまえ、前を向けよ、頑張ってもう一回やろうよと。

この状況をなんとかしようと、神奈川県の高校野球指導者たち、中学校の野球指導者たちが立ち上がった。日本体育大学の榎屋剛先生、日本大学高校の伊藤謙吾監督らが中心となって、まず今年の2月に第1回のシンポジウムを行った。

そこでは、教員として中学野球を指導している先生方に集まってもらって、部活動の地域移行、クラブチーム化に関する現在の状況を調査し、現場の先生方に意見を出してもらった。

中学校の先生として担任を持って勉強を教え、そしてさらに部活動の顧問、すべてを先生方に求めるのはたしかに酷だ。先生方の働き方改革、これは進めていかなくてはいけない。しかし、だからといって、安易に部活動の地域クラブチーム化を進めて、うまくいくのか？　それで子どもたちは好きな野球に思う存分打ち込むことができるのか？

神奈川の中学野球界、高校野球界には、熱い思いを持った先生方がたくさんおられるので、今後もこの輪を広げながら、子どもたちが野球に打ち込める環境作りに尽力していくという。

榎屋先生は神奈川県の公立中学校の教員として中学校の野球部を指導したのち、横浜市立横浜商業高の教員・監督として野球部を指導した。現在は日本体育大学の講師を務めながら、日本体育大学ソフトボール部の指導にも携わっている。

伊藤監督は私の教え子ではないが日大明誠出身で、私の日大野球部の後輩だ。現在は神奈川・日大高野球部の監督を務めている。社会人野球・ＥＮＳＯＳの監督を務めた山岡剛さん、福岡ソフトバンクホークスで捕手としてプレーした荒川雄太さんは伊藤監督の教え子だ。

彼らの取り組みには神奈川の高校野球の監督たち、大学野球の監督たち、社会人野球の監督たちも賛同してくれている。私もできる限りの協力、後押しをしていこうと思っている。

第4章

家族

「野球」と「家庭」

いま、現場で指導にあたっている指導者の人たちも、みんな「野球」と「家庭」の狭間でいろいろご苦労されていることと思う。自分もそうだったからよくわかる。私の場合は我が道を行くという感じだったけど、実際にはずいぶん家庭を犠牲にしてきた。野球にのめり込んでいるとき、指導にのめり込んでいるときって、家庭の大事さなんて絶対わからないものなんだ。

あとから振り返ってみて、初めて家庭の大切さがわかる。家庭がしっかりしていなかったら、野球なんてできないよ。女房・ヱミ子の力がいかに大きいか。これは紛れもない事実だ。女房には、本当に感謝している。家庭がうまくいっているからこそ、表で勝負ができるんだ。家庭がうまくいってなかったら、表で勝負なんかできないに決まってる。

野球と家庭の両立なんて、できっこないんだ。そんなことを求めるほうがおかしいと私は思う。名声を残した監督の奥さんは、みんなすごく我慢していたと思うよ。私も相当、家族を犠牲にしてきた。でも私の場合は、女房の度量というか懐が大きいから。私にはやっぱり、女房しかいないんだ。監督を辞めてから、女房のすごさを実感したもんだよ。ここまで野球の指導をやってこられた、好きなことを続けてこられたのは女房のおかげだ。

遊園地で女房と子ども3人で写っている写真がある。女房が子どもを背負って、抱いて、連れているんだ。

「俺、そのとき、何やってたんだろうか……」

その写真を見ると、切なくなってしまうんだよ。持ち出しだって、合計したらいくらになったか計算もつかない。そんなこと、普通の監督がやってたら、家庭がパンクしちゃうだろうな。

まったくの手探りで始めたいまの会社、アサヒスポーツも、どうにかこうにか仕事を続けられて、会社を大きくできたのも女房のおかげだ。お金の出入りのわからない私に代わって、会社の経理やら何やらを取り仕切ってくれたのも女房。会社を立ち上げた当初は、私と一緒に中学や高校を回ってくれて、私が動けないときには納品にも行ってくれた。

商売でフン詰まりになったときもあったんだけど、私が動くよりも先に女房が手を打って、銀行と話をつけていた。すごいよ。だから、銀行からも一目置かれている。家庭を守るだけじゃなく、自分から攻めてもいけるんだから（笑）。私なんか、頭が上がらないよ。

金融機関の人が来ると「奥さん、しっかりしてるから、社長、いいですよね」ってよく言われる。

女房のおかげで、私は持っている時間とエネルギーのほとんどを、野球部の指導に注ぎ込むことができた。女房には、いくら感謝してもしきれないぐらいなんだけど、その気持ちを直接言葉にして伝えたことはない。伝えられるわけないじゃん。そういう思いは読めよ、と言い訳する（笑）。

照れくさいっていうより、言うべきじゃないと思ってるんだ。もし言ったとしても、女房は信じてくれないと思う。

「どこでそんな言葉、覚えてきたの？」って疑われるのがオチだよ（笑）。

女房を大切にしよう、家庭を大切にしよう、そういう気持ちは持っている。でも、そこには照れくささが前面に出てくる。だから、言葉でそういう気持ちを伝えるなんてこと、なかなかできなかった。それでも女房は私を支えてくれた。こんな女性、なかなかいないよ。何度も言うが、女房には本当に感謝している。

勝ったとか負けたとか、勝負の話は女房にはほとんどしなかったと思う。

監督をやっていた頃と、辞めたいまとでは、女房との接し方も変わってきたね。なにしろ話をするようになった。会話のキャッチボールってやつだね。私が一方的に投げてるだけかもしれないけど、私は女房とキャッチボールしてるつもりでいる。いや、投球練習かな？（笑）

でも前より、話をする頻度は増えていると思うし、「今日は誰誰と会うからメシいらないよ」って、自分から電話やメールもするようになったんだよ。

「監督」と「父親」

自分はグラウンドでは「監督」であるけれども、家に帰れば「夫」であり「父親」なんだ。

女房とケンカすると、いつもこんなふうに言われる。

「人の子ばっかり面倒見て、我が子の面倒を見ない。どういうことなの？」

「しょうがないだろう。学生たちが可愛いんだから」

「うちの子は可愛くないの？」

「可愛いのはわかりきってるだろう。あえてそういうことを言うな」

そんなやり合いになるんだけど、当然のことながらその言い争いは女房の圧勝（笑）。勝てるわけがないよ。

野球部の学生たちのことは、我が子と同じような感覚でいるから、やっぱり学生には厳しい言葉が出てくるし、手も出ちゃうわけだ。これはしょうがないことだよ。

「野球」と「家庭」のところにも書いたけど、監督であることと父親であることを両立させるなんていうのは難しい。両立させようとすると、全部中途半端になってしまうんだ。どっちかに偏るしかないんだよ。

家庭が大事だと思ったら、監督を辞めるしかない。監督と父親、二足のわらじをきちんと履き続けている人なんて見たことないし、聞いたこともない。だって、自分の女房や子どもよりも、学生と一緒にいるほうが長いんだから。

うちの女房だって、最初のうちは、こんなにひどいとは思わなかったって言ってたよ。私は野球にどっぷり、人間的な付き合いにもどっぷり漬かっていたからね。だから、使い分けができる人はできるのかもしれないけど、この仕事に入り込んじゃったら、「家庭」と「野球」の両立、「監督」と「父親」の両立なんてなかなかできることじゃない。

でも、我が子と同じぐらい可愛い学生たちのためにやっているわけだから仕方がない。家庭と野球を両立しようとか、監督と父親を両立しようとか思って、監督のほうの手を抜いていたら、ビンタされた学生の親から文句が出るよ。私が家族を犠牲にしてまで必死にやっていたから、学生の親から文句が出なかったんだって思う。

私は命がけで学生たちを指導してきた。人生をかけて学生たちと向き合ってきた。そう断言できる。怖いものなんかなかったんだ。

自分の息子に手を上げたことだって、もちろんある。でも、あいつらは頭にきてただろうな。父親が人の子を徹底的に面倒見てるのに、自分のことなんか全然面倒見てくれないじゃないかって。我慢してたと思うよ。私には、相当な反感を持っているんじゃないかな。そりゃそうだよなぁ。授業参観にも試合の応援にも行ってやれなかったし、遊びにも連れて行けなかった。

息子たちは、ふたりとも高校まで野球をやっていた。野球をやれば、父親ともっと触れ合えるかもしれないという気持ちが、もしかしたらどこかにあったのかもしれないね……。

上の息子・毅《たけし》は横浜商大高まで野球をやっていたけど、横浜商大では野球部には入らず、アメリカンフットボールをやった。

下の息子・剛《ごう》も横浜商大高で野球をやって、横浜商大でも野球部に入ったんだけど、途中で退部することになった。

監督の息子や孫がベンチ入りしている、ということが結構ある。身内がチーム内にいる場合、いろいろやりづらいこともあると思うけど、その子に力があるのかないのか、はっきりさせないと他の学生たちがついてこない。そこをはっきりさせていない指導者が多いから、批判されるんじゃないかな。

仮に毅や剛が、誰が見てもキャプテンにふさわしい選手、4番打者にふさわしい選手だったら、私もそうしていたと思う。

毅や剛の少年野球、中学野球、高校野球は試合も練習も見に行ったことがない。見に行きたい気持ちはやまやまだったけど、私が行っちゃうとそのチームの指導者のみなさんに気をつかわせてしまう。だから行きたい気持ちはあったけど、行かなかったんだ。

毅や剛が家で素振りなんかしていても、私が指導することはなかった。もし私が教えたことと、そのときのチームの指導者が言ってることが違っていたら、迷っちゃうからね。息子がお世話になっているチームの指導者の方々の立場を尊重していたんだ。いつも毅、剛を預かっていただいてありがとうございます。そう思っているから、私は教えなかった。

うちは一番上が娘の綾《あや》で、二番目、三番目が息子。いまは3人とも私の経営しているアサヒスポーツで仕事をしてくれている。3人の子どもたちと女房と自分の会社で一緒に仕事ができるなんて、なかなかないことだ。

私は本当に幸せ者だと思う。

「父親」と「母親」

一昔前と比べて「父親」と「母親」の存在、立ち位置、役割が大きく変わっているように思う。

共生と持続ということを考えたら、お互いに持ちつ持たれつで、家族にとって「これは」という大事なときに一緒に発言できたら、それ以上に強いものはないね。それが、要するに父親の役目と母親の役目なんだよ。

昔は、母親というのは家にいて家庭を守るもの、父親は外で仕事をしてお金を稼ぐ、外で戦うものだった。家を守るのが母親、外で戦うのが父親、という役割、立ち位置だった。

そういう考え方も、いまではだいぶ変わってきた。母親だって「守る」だけじゃない、攻めることも覚えておかなきゃいけない。守りだけで自分を守れるかっていったら守れない。うちの女房みたいに攻めることも覚えないと、自分や家庭を守れなくなるんだ。

いつも感謝するのは、親父とお袋がよく私を育ててくれたなぁということ。これだけはいくつになっても変わらないね。

自動車の技術者をしていた親父は、県の自動車振興会の港北支部長を20年近く任されていた。口数が少なくて、何かあると私はぶっ飛ばされていた。私は、親父の後ろ姿しか見なかったような気がする。

親父が怖かったから、何かあると私はお袋に言って、みんなやってもらっていた。お袋は、私のことを諭してくれたり、叱ってくれたり、褒めてくれたり、いつも寄り添ってくれていた。

お袋も負けず嫌いだったから、派手な夫婦ゲンカもあったけどね（笑）。

お袋のこと、もっと大事にすればよかったよ。

いまの時代は、結婚しました、子どもが生まれました、離婚しましたっていうのがすごく多いよね。では、子どもの面倒は誰が見るのか？　地域が面倒を見るのか？　国が面倒を見るのか？　公の施設が面倒を見るのか？

お父さんの愛、お母さんの愛、ふたりの愛情がひとつになって、その子に伝わっていくわけだから、「父親」と「母親」、「父性」と「母性」の両方が必要だ。離婚してどちらかが引き取るとなると、片方が欠けちゃって、お母さんはお父さんの役目もしなきゃならない。逆にお父さんは、お母さんの役目までしなきゃならなくなる。

じゃあ、とってつけたように、欠けたほうをすぐに置き換えることができるのか、すぐに再婚すればいいのかっていうと、そういう問題ではないし、そんなにうまくはいかないよね。男女の仲のご破算っていうのは難しいものなんだよ。

だから、できることとできないことがあるという前提の上に立って、物事を考えていくことが大切なんじゃないかな。

なんで別れたの？　子どもに罪はないもんな。罪のない子どもを悲しませることを大人がしている、という現実を知ることが先だろう。

世の中を変えようなんていう発想は、私なんかにはない。ただ、出会った人間や相対した人間には何かを伝えて、それをわかってもらえて、それを人生においていい意味で引っ張っていってほしいなとは思っている。

「仕事」と「遊び」

気持ちの切り替えって必要だから、仕事に一生懸命打ち込んでいる人や仕事に夢中になっている人にとっても、「遊び」っていうのは大事だよね。その仕事から逃げるんじゃなくて、またこの話はあとにしようって切り替えることがね。

私にとって、学生たちと向き合う「仕事」から気持ちを切り替えられるものって、何だろう？

これが、考えても思いつかないんだよね。

ゴルフだって、何回も行ったことはあるけど、自分からみんなを誘って、ゴルフ場を予約して……ってやるほどではない。ということは、そんなに好きじゃないんだよ。根っからは好きじゃないんだ。

自分にとっての「遊び」、野球から離れての息抜き、切り替えって何だろうな？

それは、飲むことかな。

単にお酒を飲むということじゃなくて、野球関係者や異業種の友だちや仲間と、楽しく話をしながら美味しいものを食べて、お酒を飲んで。そういうことが好きなんだよ。それが私にとっての一番の息抜きであり、気持ちの切り替えであり、「遊び」なんだと思う。そうやって楽しく過ごすことからエネルギーを蓄えて、またグラウンドで学生たちと向き合えるんだ。

私はお酒を飲んでも酔っぱらうことはない。飲んでいてケンカを売られたら買っちゃって困るから（笑）。だから、仲間と楽しく飲んでいても、いつも緊張感を持っている。その緊張感を自分のものにしているから、逆に楽しいのかもしれない。「それじゃ楽しくないいんじゃないですか？」って言われるんだけど、私自身は楽しいんだよね。

こういう指導、教育、野球とは離れた息抜きというか、ハンドルでいうところの「遊び」の部分は、誰にとっても必要なことなんだ。それぞれが探して、自分で見つければいいいんじゃないかなと思う。

そういえば、これまで私がずいぶんお世話になってきた関内の「花笑み」が、2023年の6月をもって店を閉めることになった。ここは、神奈川の大学・高校野球関係者だけじゃなく、全国のプロアマのみなさんがよくしていただいたお店で、プロでは星野仙一さんをはじめ、三浦大輔さん、斎藤佑樹さんなど、数多くのみなさま方と楽しい時間を過ごさせていただいた思い出深い場所だ。これまでの手厚いもてなしに、改めてこの場をお借りして御礼を申し上げたい。いままで、本当にありがとう！

話を戻そう。

私は人生、すべてにおいてバランスが大事だと思っている。仕事も休みも人間関係も、バランスが大切なんだ。人間関係においては、野球だけではなくいろんな話をすると、他人もすっと入ってきやすい。

ひとりで考え込んでいると、考えも何もかもが凝り固まってしまって先に進まない。だから、いろんな人と会っていろんな話をするんだ。

一緒にお酒を飲んで食事をするのに、最も楽しい時間を過ごせる相手、それは自分というものを持っている人だ。何でもかんでも、やたらとヨイショしてくる人がいるけど、そういう人はつまんないね。「こいつ、生きてんのかよ？」って思っちゃうよ（笑）。

「佐々木さんとは、こういうところは意見が一緒だ。でも、こういうところは意見が違う」

そういうことをはっきり言ってくれる人のほうがいいね。要は、本音で話せる人ってこと。

もちろん、すべてのことに関して意見や価値観が食い違っていて、それをお互いが言いっぱなしだったらケンカになっちゃうから。まぁ、そんなやつとはそもそも飲まないしね（笑）。

意見が違う部分があっても、ケンカにはならないよう引くところは引く。でも、自分の意見はしっかり言える、そんな人がいいね。

「生」と「死」

「生」っていうのは、儚《はかな》いもんだね。人間、儚いよ。

「生きる」ってことは、やっぱりもっと頑張らないといけないな。そういうふうに思うね。

それが、私にとっての「生」と「死」だ。

2022年の8月に、私のすぐ上の兄・恒夫が亡くなった。兄弟が亡くなると、死というものがより身近に感じられるような気がして、自分にも近づいているのかなと、そんなふうに思えるんだよね。

自分も、やっぱり儚いんだろうな。あっけないんだろうな。

人間っていうのは死んじゃダメなんだよ。でも「死」は必ず迎えることになる。だから兄貴が亡くなって、俺も来るときは来るなと思ったよ。

まだまだこれからも元気で、カラ元気では終わらないように、という気持ちではいるけどね。

でも儚いな、切ないな……。

それまでは死に対して、ここまで重みを感じたことはなかった。

コロナ禍だったので小さなお寺さんでの家族葬だったんだけど、野球関係の方々からもたくさんのお花が届いた。亡くなった兄貴も野球が好きだったから、喜んでくれていると思う。兄貴は自分では野球はやっていなかったけど、野球を観るのは好きだった。野球と釣りが好きな人だったんだ。

棺に花をみんなで入れようよと、それぞれが一言ずつ声を掛けながら花を入れていたら、「佐々木君いるかな?」って、藤木幸夫会長が来てくださったんだ。藤木会長の顔を見て、もう一気に涙腺が崩壊しちゃった。

「連絡しないで来ちゃって、ごめんな」って。

ごめんどころじゃないよね。そういう人なんだ。藤木会長の優しさに触れて、私は涙が止まらなくなった。

生きていること、健康であること、それは当たり前じゃないんだ。

学生たちって、自分が生きていること、健康であること、野球ができていることを当たり前ぐらいに思っている。それはそれで、若いから仕方がない部分もある。でも、そこから出発して、ケガをするときもあれば、病気になるときもある。友だち同士で、そういうことを互いに見合ってみなさいと私は言う。友だちがケガをしちゃったら、病気になっちゃったら、「どうしたんだよ!」ってなるだろう。もちろん両親、家族でもそう。その気持ちを大切にしてほしいんだ。

「人は決してひとりでは生きられないんだ」

「ひとりでもおまえの理解者がいてくれたら、おまえは勇気づけられるだろう。後押しをしてくれるだろう」

「だから人間っていうのは、支えてくれる人が必要なんだ」

２０２０年の10月と11月に、私は入院して２度の手術を受けた。最初は心臓のバイパス手術というやつ。そのときに開いた鎖骨を３枚のプレートで固定したんだけど、そのうちの１枚に菌が付着してしまったらしい。傷口が化膿してしまうおそれがあったため、もう一回入院してそのプレートを除去する手術を翌月に受けたんだ。

深刻な状況ではなかったんだけど、再入院したときにはみんなずいぶん心配してくれた。そのときはコロナ禍のため面会、お見舞いもＮＧだったこともあって、みんなが心配して電話をくれたもんだから、携帯電話が一日中鳴り止まなかった。一日40件ぐらい電話がかかってきたんじゃないかな。

おかげさまで手術もうまくいって、いまはすっかり元気だ。みなさんの温かい言葉に励まされ、本当にありがたいなぁと思った。

生きていること、健康であることは当たり前ではない。そう考えるようになって、改めて自分の両親への感謝の気持ちも強くなってきたんだ。

戦争が始まったとき、親父は20代だったんだけど、そこで兵隊に取られなかったのは、自動車修理の技術を評価されて、軍需工場に軍属として勤務していたからだと聞いた。親父がもし普通の勤め人とか商売屋の奉公人だったりしたら、兵隊に取られていただろうから、佐々木正雄という人間が生まれてくることもなかったかもしれない。

何度も言うけど、親父にはぶっ飛ばされてばかりだった。私は、いつも親父の背中を見ていた。

お袋はそのぶん、正面から私に向き合ってくれた。男3人、女2人の子どもを産み、食べ物にも不自由した戦中、戦後の時代に5人の子どもを育て上げた。いま考えると、すごい人だなぁと思う。

親父、お袋には何があっても感謝している。

もし生まれ変わることができたとしても、私は佐々木正雄の人生をもう一度歩みたい。私は勉強ができるほうじゃなかった。でも頭が使えないやつは気をつかって、手足を使って、最後にもう一回頭を使えと。それっきりないんじゃないかな。だから、お袋に今度は頭を良く産んでくれなんていう願いはない。そのまんま同じように産んでくれたらいい。

私自身、死というものに対して、すごく怯《おび》えの気持ちが出てくることがある。年齢を重ねるにつれて、みんなそうなのかもしれないけどね……。

今年の2月にトルコとシリアで大きな地震があって、5万人以上の方が亡くなった。ニュースで見たんだけど、生後間もない赤ちゃんが瓦礫《がれき》の下で128時間も生き抜いて救出されたというんだ。

建物が崩壊して72時間を過ぎると、生存率が著しく低下すると言われている。赤ちゃんはその倍近くもの長い間、瓦礫の下で生き抜いたんだ。奇跡的なことだよ。そのニュースを見て涙腺が緩んだね。

もしも私にその国の言葉が話せたら、その子に、君はこれだけの生命力を持っているんだから、これから何でもできるぞ、頑張れよって言ってあげたいね。

死に対してすごく怖さを持っているし、生きることにもすごく怖さを持っている。生きることへの怖さというのは、いいことばかりじゃないんだよ、ということ。

幸か不幸か、監督を退任しても私のまわりではいろんなことが起きて、いろんな人が私のところに相談に来てくれる。

「佐々木さんには隠居という言葉は似合わないですね」

そんなことを言ってくれる人もいる。やっぱり困っている人がいると、なんとかしてあげなくちゃいけないと思うんだ。若い頃、自分のケンカじゃないのに自分のケンカにしちゃって、ケンカばっかりやってたのと一緒だね（笑）。

いくつになっても、人は変わらないもんだよ。

「感謝」と「恩返し」

「感謝」の気持ちってのは、自然に湧き出てくるものであって、人に押し付けたり、人から強要されたりするようなものじゃないよね。「ありがたいなぁ」と思うときって、理屈じゃないじゃん。それで、感謝の気持ちを感じたら、何らかの形で「恩返し」をする。これは、人として生まれた以上、当たり前のことだよ。

じゃあ恩返しは、どういう形でするのがいいのか？

普通はまず単純明快に、物なのかな？　お金なのかな？　と考える。でも、違う。

大事なのは「気持ち」だよ。気持ちを最優先する。じゃあ、どういう行動を起こすかということにつながってくるよね。やっぱり人は、行動っきりないんだから。

その行動って何だろうかというと、「余韻」が残るようなことだよ。例えば、物をあげる、お金を渡すってのは、すぐになくなっちゃう。使っちゃえばね。思いが余韻として残るかっていうと残んないだよ。だから、恩返しとか、感謝の気持ちを伝えるには、そこに強い思いがあれば、自然と余韻が残るような形になるんじゃないかな。

一方で、物には物で返すというケースもあり得る。例えば、お中元とかお歳暮がそうだよ。そこで、お返しは高い安いということも含めて、受け取ったお相手が喜んでくれる物は何かなということを考える。自分でわかんなきゃ、まわりのみんなに聞いたりしてね。

最近は、感謝という感覚が薄れている人間が多いって話もあるけど、薄れているというより、理解をしていないって言ったほうが早いんじゃないかな。物事がわかっているのか、わかっていないのか。物事を理解していて「ありがとう」が言えないというのは、人としてあってはいけないことだし、救ってやらなきゃいけないというケースもあると思う。でも、理解できていない、気がついていない人間が多いんじゃないか。要は、社会勉強が足りないんだよ。

社機勉強が足りていない、知らない人間が多いというのは強く感じるね。もちろん、きちんと社会勉強をしていて、「実践理論」でやっている若い人たちも中にはいるから一概には言えないけど、物事がわからないというケースが目立つ。

だから、わからない子には教える以外ない。言い方として、「そんなこともわかんねえのかよ！」と言うケースもあれば、逆に「なんだ、わかんないの？　わかるかわかんないかどっち？」って聞くケースもある。これは、相手とか状況に合わせてケースバイケースで対応する。

しょせん完璧な人間、オールマイティーな人間なんて存在しないんだから、わからないこと、知らないことに対して素直になれることが、本当の答えなんじゃないかな。わかんなきゃわかんないでいいんだよ。「すみません」って言えば。そうしたら、教えてあげるよ。「これは、こういうことだと思うよ」「こうしたほうがいいんじゃない？」ってね。

人に対する感謝の気持ちを持つってのは当たり前のことなんだけど、振り返ってみると、私は幼い頃からそう教わってきた。うちの親父が口酸っぱく言うんだ。「物をもらったら、ありがとう」「気持ち良く接してくれたら、ありがとうございます」って、口癖のようにね。そういう親父の教えが私の根っ子にはあるんだよ。

私自身は、はっきり言って「相手が感謝してくれるだろう」という入りで行動を起こしていないから、自分の行動に対して「感謝していますす」と言われちゃうと、非常にそれがこたえるんだ。いい意味でこたえる。「あぁ、そこまで感じてくれたんだ」「うれしいな」って。「ありがとうございました」という言葉が返ってくることによって、自分のしたことは無駄じゃなかったんだなとも思えるしね。

ただ、こんな私に対して、家族は文句があったどころじゃなく、文句だらけだよ（笑）。立場が逆になったら、私だってそう思うから。

監督時代に、初めて女房に言われてショックだった一言がある。

「3人の子どもの面倒を見きれないで、人の子の面倒ばかりを見ているのはどういうこと？」

ショックというより、そのものずばりだから、そのとき私には何にも返す言葉がなかった。女房の言う通りだからね。

家族には、感謝の気持ちも迷惑をかけたなという思いも強く持っている。でも、私はそんなことを言える立場ではないと思うんだ。女房に「そんなこと思ってんなら、はじめから言えばいいじゃない」「何にも子どもの面倒を見ていないのにえらそうなこと言うんじゃないよ」って言われたら、返す言葉がないからね（笑）。

それでも、家族に対して「ありがたいな」「感謝してる」「ありがとう」と思うでしょう？　と問われたら、もちろんそれっきりないよ。

おわりに

私たちが子どもの頃は、悪いことをした子には先生がゲンコツ、ビンタというのが当たり前だった。いまはそういうのが暴力と言われて、指導者がどんどんやりづらくなっている。教え子に厳しい言葉を掛けたら、それは「パワハラ」だと言われる。指導者、教育者がそういう流れに押し流されてしまっている。何でもかんでもすぐにパワハラだと言われて、始まる前から負けちゃってるんだ。

何か悪さをした生徒に指導者が強い口調で叱りつけただけで、パワハラだ何だと親が学校に訴える。そんなことで謹慎だとか監督交代だとかになってしまったら、野球に限らず他のスポーツの指導者だって、もう指導なんてできなくなるし、やる人がいなくなっちゃうよ。

だから最近、保険会社に勤めている知り合いに、「監督安心保険」というのを作ってくれよという話をしたんだ。熱い気持ちを持って子どもたちを指導している人が、パワハラだの何だのと言われて地位を奪われてしまうのでは浮かばれないだろう。指導者、教育者になりたいという若者が減るのも当たり前だ。

「監督安心保険」

これはお金が戻ってくるようにとか、そういうことじゃない。情熱をかけて指導に取り組んできた指導者の、地位の保全をなんとかできないかという話だ。でも、できれば掛け金は、なるべく安くしてほしいな（笑）。

それはそれとして、もし問題が起きてしまった場合、きちんと真実が伝わるようなシステムを作らなきゃいけないとも思う。

藤木幸夫会長の言葉を思い出す……。

「日本国の隆盛には、いろんな要因が働いているが、スポーツとくに『野球道』が全国民に与えた影響は、絶大なものがある」

だからこそ、野球や他のスポーツの指導に携わっている人たちを、私は後押ししてあげたいんだ。教え子たちを強く育てるためには、勇気を持ってほしい。物事に対しても、人に対してもだ。

指導者として私が大事にしてきたこと、それは、逃げないこと、隠れないこと、ぶれないこと、嘘をつかないことだ。

改めて考える。

「良い指導者」とは？

「ダメな指導者」とは？

ダメなのは逃げる指導者だよ。逃げる、隠れる、嘘をつく。そういう人間は指導者、教育者として失格だ。

良い指導者は、逃げない、隠れない、嘘をつかない。

嘘も方便という言い方もあるが、それはまた別問題だよ。

何事もまず、逃げちゃダメ。逃げてしまったら、目の前で起きている問題を難しくしてしまう。自分が間違っていた、ちょっと失敗してしまったなと思ったら、自分が悪かったと言えばいいんだよ。理屈っぽいやつほど、物事を難しくしてしまう。

逃げたら責任は取れない。責任を取るっていうのは、現実に起こったことに対して素直に自分の態度をはっきりさせること。すいませんなら、すいません。申し訳なかったら、申し訳ない。間違いを認めて、素直に謝ればいいんだよ。

指導者たるもの、脇が甘くなってしまってはいけない。監督でダメになる、クビになるやつの原因は、①暴力、②金、③女性関係だ。

非常識な指導者、人としてやってはいけないことを平気でやる指導者、金に汚い指導者、そういう連中は絶対に許せない。男の約束、人と人との約束、そういうことを守れないやつに人を指導、教育することなんてできるわけがない。

金にルーズで汚い指導者、人をごまかしながらゼニ儲けをしている指導者は、弾き飛ばしてやりたいよ。本当はここに何人か実名を出してやりたいくらいだが、それをやっちゃうと竹書房の鈴木誠編集長に迷惑をかけるから、やめておいてやることにした（笑）。

教育、指導というのは、中途半端な考えでできるものではない。対象は人間なんだ。人を相手にしているんだから、生やさしいものではない。

「いい大学に進んでほしい」

「いい会社に勤めてほしい」

親も教員も、子どもたちにそんなことばかりを求めている。そういうことは、人として、男として、強くなってから考えろよと言いたい。

現実の世の中を、強く生きるんだ。お金がなくても強く生きるんだ。学歴がなくても強く生きるんだ。

そのためには、物事を知ることが大事。そして、友だちを多く持つこと。

勇気＝人前で威張ることではない。勇気っていうのは、ケンカが強いっていうことでもない。「実践理論」で自ら動いて、勇気を持っていろんなことを経験、体験してほしい。そうしたら人の痛みもわかる。人への気づかいだとか心づかいっていうのは、経験、体験をしたあとに出てくるものなんだ。

「あいつにこういう気づかいをしてやればよかったな」

「そうしたらもっと早くわかってくれたかもしれなかったのにな」

こういう思いは、「実践理論」のあとに出てくる。

そして、強い人間になって、もし金銭的に余裕、余力ができたら、余ったお金は自分より弱い立場の人たちのために使ってほしい。

どうかみなさん、逃げないで、隠れないで、嘘をつかないで、子どもたちに向き合ってほしい。

みなさんが向き合っている子どもたちが、この国の未来を背負っているんだ。

38年間、私が大学の監督・コーチとして学生を指導してこられたのは、たくさんの方々の支えがあったからだ。お世話になったみなさま方には、この場を借りて改めて御礼申し上げたい。

令和5年4月

神奈川大学野球連盟理事長
佐々木正雄

雅兄一覧表

［雅兄］風雅の道で兄事する人の意

※所属、役職等はすべて2023年4月1日時点のものです
大変申し訳ありませんが、抜けや漏れ、誤り等があった場合は、
平にご容赦いただきますよう、お願い申し上げます

心の師

※順不同。敬称略

氏名	所属	役職
松本武雄	横浜商科大学	元理事長
藤木幸夫	神奈川県野球協議会	会長
王貞治	世界少年野球推進財団	理事長
太田誠	駒澤大学	終身名誉監督
鈴木義信	日本オリンピック委員会	名誉委員
星野仙一	侍ジャパン	元監督

盟友

※順不同。敬称略

氏名	所属	役職
内藤雅之	全日本大学野球連盟	常務理事兼事務局長
池田哲雄	ベースボール・マガジン社	代表取締役社長
草間浩人	読売ジャイアンツ	事業本部長
工藤雅文	秋田県高校野球連盟	副会長
老松博行	大仙市	市長
遠藤三紀夫	座間市	前市長
江口理博	山形県高校野球連盟	顧問

侍ジャパン

※順不同。敬称略。紙面の都合上、監督以外は割愛させていただきました

氏名	役職
原辰徳	元監督
栗山英樹	監督
小久保裕紀	元監督
稲葉篤紀	元監督
石井章夫	社会人元監督
小島啓民	社会人元監督
小枝守	U-18元監督

NPB

※順不同。敬称略。紙面の都合上、監督以外の役職は割愛させていただきました。また、過去に所属されていた方も含まれています

氏名	所属	役職
長嶋茂雄	読売ジャイアンツ	終身名誉監督
長野久義	読売ジャイアンツ	
阿波野秀幸	読売ジャイアンツ	
後藤孝志	読売ジャイアンツ	
佐藤誠	読売ジャイアンツ	
吉武真太郎	読売ジャイアンツ	
長谷川国利	読売ジャイアンツ	
山下哲治	読売ジャイアンツ	
柏田貴史	読売ジャイアンツ	
木佐貫洋	読売ジャイアンツ	
堂上剛裕	読売ジャイアンツ	
久保博	読売ジャイアンツ	
荒井幸雄	読売ジャイアンツ	
渡辺政仁	読売ジャイアンツ	
上田武司	読売ジャイアンツ	
菅野智之	読売ジャイアンツ	
安藤強	読売ジャイアンツ	
藤本茂喜	読売ジャイアンツ	

氏名	所属	役職
乾真大	読売ジャイアンツ	
所憲佐	読売ジャイアンツ	
三浦大輔	横浜ＤｅＮＡベイスターズ	監督
中畑清	横浜ＤｅＮＡベイスターズ	元監督
山下大輔	横浜ＤｅＮＡベイスターズ	元監督
岡村信悟	横浜ＤｅＮＡベイスターズ	代表取締役社長
田代富雄	横浜ＤｅＮＡベイスターズ	
桑原義行	横浜ＤｅＮＡベイスターズ	
河原隆一	横浜ＤｅＮＡベイスターズ	
欠端光則	横浜ＤｅＮＡベイスターズ	
大久保弘司	横浜ＤｅＮＡベイスターズ	
荒波翔	横浜ＤｅＮＡベイスターズ	
進藤達哉	横浜ＤｅＮＡベイスターズ	
三原一晃	横浜ＤｅＮＡベイスターズ	
吉田孝司	横浜ＤｅＮＡベイスターズ	
竹田光訓	横浜ＤｅＮＡベイスターズ	
壁谷周介	横浜ＤｅＮＡベイスターズ	
稲嶺茂夫	横浜ＤｅＮＡベイスターズ	
萩原龍大	横浜ＤｅＮＡベイスターズ	

氏名	所属	役職
柳沼克彰	横浜ＤｅＮＡベイスターズ	
會澤裕頼	横浜ＤｅＮＡベイスターズ	
鈴木尚典	横浜ＤｅＮＡベイスターズ	
河原井建吾	横浜ＤｅＮＡベイスターズ	
稲川誠	横浜ＤｅＮＡベイスターズ	
松本啓二朗	横浜ＤｅＮＡベイスターズ	
平松政次	横浜ＤｅＮＡベイスターズ	
齊藤明雄	横浜ＤｅＮＡベイスターズ	
髙木由一	横浜ＤｅＮＡベイスターズ	
吉田義男	阪神タイガース	元監督
和田豊	阪神タイガース	元監督
金本知憲	阪神タイガース	元監督
矢野燿大	阪神タイガース	元監督
江本孟紀	阪神タイガース	
吉野誠	阪神タイガース	
熊野輝光	阪神タイガース	
田中秀太	阪神タイガース	
木戸克彦	阪神タイガース	
佐野仙好	阪神タイガース	

畑山俊二　阪神タイガース
北村照文　阪神タイガース
高田繁　東京ヤクルトスワローズ　元監督
真中満　東京ヤクルトスワローズ　元監督
八重樫幸雄　東京ヤクルトスワローズ
伊藤昭光　東京ヤクルトスワローズ
斉藤宜之　東京ヤクルトスワローズ
館山昌平　東京ヤクルトスワローズ
石川雅規　東京ヤクルトスワローズ
広澤克実　東京ヤクルトスワローズ
北川博敏　東京ヤクルトスワローズ
白武佳久　広島東洋カープ
髙山健一　広島東洋カープ
野村祐輔　広島東洋カープ
石井昭男　中日ドラゴンズ
小山良男　中日ドラゴンズ
中田宗男　中日ドラゴンズ
森繁和　中日ドラゴンズ　元監督
堀中寛樹　中日ドラゴンズ
渡邊博幸　中日ドラゴンズ

落合英二　中日ドラゴンズ
永山勝　福岡ソフトバンクホークス
小川一夫　福岡ソフトバンクホークス
荒金久雄　福岡ソフトバンクホークス
宮田善久　福岡ソフトバンクホークス
岩井隆之　福岡ソフトバンクホークス
笹川隆　福岡ソフトバンクホークス
浜崎剛男　福岡ソフトバンクホークス
三笠杉彦　福岡ソフトバンクホークス
山口憲治　福岡ソフトバンクホークス
福山龍太郎　福岡ソフトバンクホークス
清水貴之　福岡ソフトバンクホークス
東尾修　埼玉西武ライオンズ　元監督
鈴木葉留彦　埼玉西武ライオンズ
竹下潤　埼玉西武ライオンズ
十亀剣　埼玉西武ライオンズ
大石達也　埼玉西武ライオンズ
梨田昌孝　東北楽天ゴールデンイーグルス　元監督
長島哲郎　東北楽天ゴールデンイーグルス
後関昌彦　東北楽天ゴールデンイーグルス

氏名	所属	役職
早川実	東北楽天ゴールデンイーグルス	
安部井寛	東北楽天ゴールデンイーグルス	
加古賢一	東北楽天ゴールデンイーグルス	
福田功	東北楽天ゴールデンイーグルス	
仁村徹	東北楽天ゴールデンイーグルス	
山田潤	東北楽天ゴールデンイーグルス	
松原健太郎	東北楽天ゴールデンイーグルス	
鷹野史寿	東北楽天ゴールデンイーグルス	
西谷尚徳	東北楽天ゴールデンイーグルス	
渡辺佳明	東北楽天ゴールデンイーグルス	
山室晋也	千葉ロッテマリーンズ	
伊志嶺翔大	千葉ロッテマリーンズ	
清水直行	千葉ロッテマリーンズ	
柿沼友哉	千葉ロッテマリーンズ	
村田修一	千葉ロッテマリーンズ	

氏名	所属	役職
井辺康二	千葉ロッテマリーンズ	
小池翔大	千葉ロッテマリーンズ	
前沢賢	北海道日本ハムファイターズ	
河原井建吾	北海道日本ハムファイターズ	
木田優夫	北海道日本ハムファイターズ	
大渕隆	北海道日本ハムファイターズ	
斎藤佑樹	北海道日本ハムファイターズ	
今成泰章	北海道日本ハムファイターズ	
大宮龍男	北海道日本ハムファイターズ	
中川隆治	オリックス・バファローズ	
伊原春樹	オリックス・バファローズ	
佐藤義則	オリックス・バファローズ	
佐藤道郎	南海ホークス	
山本泰	大阪近鉄バファローズ	

MLB

※順不同。敬称略

氏名	所属
筒香嘉智	テキサス・レンジャーズ
田澤純一	ボストン・レッドソックス
紀田彰一	ニューヨーク・ヤンキース

独立リーグ

※順不同。敬称略。紙面の都合上、役職等は割愛させていただきました

氏名	所属
荒井健司	徳島インディゴソックス球団
武藤孝司	徳島インディゴソックス球団
武居邦生	日本海オセアンリーグ

アマチュア野球関係者

※順不同。敬称略。紙面の都合上、役職等は割愛させていただきました

氏名	所属
麻生紘二	元全日本野球協会
柴田穣	元全日本野球協会
山中正竹	全日本野球協会
佐藤栄一	日本野球連盟
市野紀生	元日本野球連盟
松永怜一	元日本野球連盟
野端啓夫	元日本野球連盟
春日利比古	元全日本女子野球連盟
清水稔	元全日本女子野球連盟
津司浩一	元全日本女子野球連盟

氏名	所属
大田垣耕造	神奈川県野球協会
潮田智信	神奈川県野球協会
本郷茂	全日本大学野球連盟
中本尚	元全日本大学野球連盟
飯田修	元全日本大学野球連盟
田和一浩	元日本学生野球協会
荒井邦夫	元日本学生野球協会
小山克仁	東京六大学野球連盟
上野義孝	東京六大学野球連盟
前橋優太	東京六大学野球連盟
樋越勉	東都大学野球連盟
田倉雅雄	元首都大学野球連盟
内田敏信	東京新大学野球連盟
野尻俊明	東京新大学野球連盟
福田将史	関甲新学生野球連盟
芳野勇	関甲新学生野球連盟
新井野洋一	愛知大学野球連盟
市岡三年	東海地区大学野球連盟
井本康則	阪神大学野球連盟
池永悠紀雄	関西六大学野球連盟
後藤忠彦	近畿学生野球連盟
村山嘉男	関西学生野球連盟
今江光宏	京滋大学野球連盟
岡田裕弘	関西学生野球連盟
世良静弘	四国地区大学野球連盟
太田紘一	九州地区大学野球連盟
長尾治明	北陸大学野球連盟
駒場彰	仙台六大学野球連盟
橋詰豪	東京オリンピック・パラリンピック競技大会組織委員会
布村幸彦	東京オリンピック・パラリンピック競技大会組織委員会
山田博子	世界野球ソフトボール連盟
沖津宏之	世界少年野球推進財団
久須美史子	世界少年野球推進財団
太田裕己	世界少年野球推進財団
中村捷宏	横浜市小学生野球連盟
平林勝	横浜市小学生野球連盟
山口宏	横浜市体育協会
田中強志	神奈川県野球協議会

高山伸紀	神奈川県高校野球OB連合
森田敬真	座間市野球協会

高校野球連盟

※順不同。敬称略。紙面の都合上、役職等は割愛させていただきました

氏名	所属
八田英二	日本高校野球連盟
田名部和裕	元日本高校野球連盟
山口雅生	元日本高校野球連盟
竹中雅彦	元日本高校野球連盟
髙橋順二	元日本高校野球連盟
小倉好正	日本高校野球連盟
泉正二郎	元日本高校野球連盟
井本亘	日本高校野球連盟
古谷純一	日本高校野球連盟
高橋聡	青森県高校野球連盟
久米信彦	秋田県高校野球連盟
尾形徳昭	秋田県高校野球連盟
大沼敏美	山形県高校野球連盟
諸原正巳	山形県高校野球連盟
澁谷益生	山形県高校野球連盟
渡部潤	山形県高校野球連盟
菅谷明浩	山形県高校野球連盟
甫坂茂樹	栃木県高校野球連盟
武井克時	元東京都高校野球連盟
牛久保良男	東京都高校野球連盟
榊原秀樹	神奈川県高校野球連盟
栗原悟	神奈川県高校野球連盟
佐藤有子	神奈川県高校野球連盟
栗原豊樹	神奈川県高校野球連盟
山口卓	神奈川県高校野球連盟
西川哲也	神奈川県高校野球連盟
小林太郎	山梨県高校野球連盟
加藤隆司	静岡県高校野球連盟
宮部隆彦	愛媛県高校野球連盟
大浦哲雄	愛媛県高校野球連盟

氏名	所属
松浦彰浩	愛媛県高校野球連盟
山﨑正明	高知県高校野球連盟
黒江英樹	長崎県高校野球連盟
桁本幸夫	熊本県高校野球連盟
工木雄太郎	熊本県高校野球連盟
荒川信一	宮崎県高校野球連盟

氏名	所属
鬼島秀晃	宮崎県高校野球連盟
兒玉正剛	宮崎県高校野球連盟
松元泰	宮崎県高校野球連盟
児玉景子	宮崎県高校野球連盟
大富省三	宮崎県高校野球連盟

学校関係者

※順不同。敬称略。紙面の都合上、役職等は割愛させていただきました

氏名	所属
佐柳正三	國學院大学
松浪健四郎	日本体育大学
中部謙一郎	神奈川工科大学
田中英壽	日本大学
山下泰裕	東海大学
宇津木妙子	東京国際大学女子ソフトボール部
室伏健治	横浜市教育委員会人権教育・児童生徒課
牧内良平	神奈川大学
大橋英五	学校法人大東文化学園

氏名	所属
澁谷朋子	上武大学
澁谷正史	上武大学
尾郷良幸	東海大学
小山嚴也	関東学院大学
鎌田勝	秋田商業高校
込山英弥	立花学園高校
西村清	千葉黎明学園
井上正明	学校法人光明学園
山田貴久	向上高校

直理賀一　向上高校
小川正次　横浜翠陵中学・高校
鈴木紀代子　横浜隼人中学・高校
吉野純三　横浜隼人中学・高校
山田光雄　藤嶺学園藤沢高校
草彅康尚　大曲工業高校
定蛇正則　日本大学第三高校
坂井宏安　彦根総合高校
浜田一志　土佐中学校・高校
正木秀市　梼原高校
川上修治　済々黌高校

柴田康男　慶應義塾志木高校
坪内一次　興国高校
足立兼敏　京都大谷高校
直井恵子　座間市立西中学校
小笠原晃　西仙北中学校
水野澄雄　相模原市立小山中学校
稲垣周平　横浜市立港南中学校
星野幸稔　横浜市立港南中学校
小俣宏之　茅ヶ崎市立松浪中学校
佐藤英樹　秋田市立御野場中学校
五十嵐晋　秋田市立御野場中学校

社会人野球

※順不同。敬称略。紙面の都合上、部長、副部長、コーチ等は割愛させていただきました

氏名	所属	役職
工藤賢二	北海道ガス	監督
南則文	JR北海道硬式野球クラブ	監督
福井一気	航空自衛隊千歳	監督
佐藤康典	TDK	監督
西村亮	JR東日本東北	監督
佐藤英司	バイタルネット	監督
三富一彦	バイタルネット	前監督
前田直樹	日本製紙石巻	監督
杉森智幸	七十七銀行	監督
夏井大吉	トヨタ自動車東日本	監督
中島彰一	日本製鉄鹿島	監督
和久井勇人	日立製作所	監督
冨村優希	SUBARU	監督
安藤信二	JPアセット証券	監督
西田真二	セガサミー	監督
松元孝博	鷺宮製作所	元監督
幡野一男	鷺宮製作所	監督

氏名	所属	役職
松田孝仁	東京ガス	監督
岡村憲二	明治安田生命	監督
落合成紀	JFE東日本	監督
平野宏	NTT東日本	監督
渡辺俊介	日本製鉄かずさマジック	監督
片山祐介	FedEx	監督
濵岡武明	JR東日本	監督
開田成幸	Honda	監督
澤村幸明	日本通運	監督
山田倫久	テイ・エステック	監督
初芝清	オールフロンティア	監督
大久保秀昭	ENEOS	監督
佐伯功	三菱重工East	監督
平馬淳	東芝	監督
室田信正	ヤマハ	監督
井上裕貴	JR東海	監督
藤原航平	トヨタ自動車	監督

鈴木啓友　日本製鉄東海ＲＥＸ　監督
湯浅貴博　王子　監督
梶山義彦　三菱自動車岡崎　監督
山田勝司　東邦ガス　監督
佐伯尚治　西濃運輸　監督
久芳修平　Ｈｏｎｄａ鈴鹿　監督
松村聡　日本新薬　監督
河本泰浩　ＮＴＴ西日本　監督
金森敬之　パナソニック　監督
杉浦正則　日本生命　元監督
梶田茂生　日本生命　監督
前田孝介　大阪ガス　監督
津野祐貴　三菱重工Ｗｅｓｔ　監督
青山誠　関メディベースボール学院　監督
米田真樹　日本製鉄広畑　監督

首藤章太　三菱自動車倉敷オーシャンズ　監督
内田聡　ＪＦＥ西日本　監督
田村亮　ＪＲ西日本　監督
香田誉士史　西部ガス　監督
中野滋樹　ＪＲ九州　監督
清原孝介　日本製鉄九州大分　監督
岡野武志　Ｈｏｎｄａ熊本　元監督
渡辺正健　Ｈｏｎｄａ熊本　監督
平田太陽　沖縄電力　監督
渡邉等　茨城日産　監督
椎名博士　全足利クラブ　監督
中村文吾　湘南信用金庫軟式野球部　監督
長谷川直史　京葉銀行軟式野球部　監督
中塚政幸　ソレキア株式会社軟式野球部　監督

大学野球

※順不同。敬称略。紙面の都合上、助監督、部長、副部長、コーチ等は割愛させていただきました

氏名	所属	役職
鷲田義典	旭川大学	監督
大滝敏之	北洋大学	監督
三垣勝巳	東京農業大学 北海道オホーツク	監督
阪内俊喜	函館大学	監督
大菅貴広	札幌学院大学	元監督
山本文博	札幌国際大学	監督
高岡茂夫	札幌国際大学	元監督
野坂寿利	札幌大学	元監督
神田幸輝	札幌大谷大学	監督
二宮至	星槎道都大学	監督
高橋葉一	北海道文教大学	監督
大石康文	北海学園大学	元監督
大西昌美	北翔大学	元監督
鳥谷部勉	青森大学	元監督
津屋晃	青森大学	元監督
直川哲也	青森大学	元監督
三浦忠吉	青森大学	監督

氏名	所属	役職
櫻井祐介	青森中央学院大学	監督
正村公弘	八戸学院大学	監督
笹田公烈	八戸工業大学	元監督
藤澤弘樹	盛岡大学	監督
菅井徳雄	東北学院大学	元監督
小幡早苗	東北工業大学	元監督
山路哲生	東北福祉大学	監督
酒井健志	石巻専修大学	監督
横田謙人	東北公益文科大学	監督
仁藤雅之	東日本国際大学	元監督
藤木豊	東日本国際大学	監督
佐久間誠剛	日本大学工学部	監督
佐藤清	城西国際大学	監督
島田孝行	清和大学	監督
髙橋一真	千葉経済大学	監督
竹内秀一	千葉工業大学	監督
小林正之	千葉商科大学	元監督

関省吾	千葉大学	元監督
菅原悦郎	中央学院大学	監督
照屋丈二	東京情報大学	監督
藤川正博	敬愛大学	監督
中村安孝	淑徳大学	監督
佐藤和也	新潟医療福祉大学	総監督
大塚孝	作新学院大学	監督
藤田慎二	白鷗大学	監督
谷口英規	上武大学	監督
大島義晴	平成国際大学	監督
谷良治	関東学園大学	監督
清野友二	松本大学	監督
須田喜照	山梨学院大学	監督
荻本有一	杏林大学	監督
中野春樹	東京学芸大学	監督
福島達也	日本大学生物資源科学部	監督
安部理	高千穂大学	監督
中道守	流通経済大学	元監督
新井崇久	共栄大学	監督
野林大樹	駿河台大学	元監督

古葉竹識	東京国際大学	名誉監督
石山建一	早稲田大学	元監督
小宮山悟	早稲田大学	監督
鬼嶋一司	慶應義塾大学	元監督
江藤省三	慶応義塾大学	元監督
堀井哲也	慶應義塾大学	監督
善波達也	明治大学	元監督
田中武宏	明治大学	監督
加藤重雄	法政大学	監督
溝口智成	立教大学	監督
井手峻	東京大学	監督
生田勉	亜細亜大学	監督
林田俊雄	学習院大学	元監督
大倉孝一	駒澤大学	監督
村木芳人	上智大学	元監督
内田俊雄	拓殖大学	元監督
馬淵烈	拓殖大学	監督
清水達也	中央大学	監督
五十嵐広樹	東京工業大学	元監督
井崎充宏	東京都市大学	元監督

氏名	所属	役職
北口正光	東京農業大学	監督
仲村恒一	日本大学	元監督
片岡昭吾	日本大学	監督
原克隆	帝京平成大学	監督
竹田利秋	國學院大学	総監督
鳥山泰孝	國學院大学	監督
河原井正雄	青山学院大学	元監督
安藤寧則	青山学院大	監督
齋藤正直	専修大学	監督
古籏正隆	順天堂大学	元監督
森本静	芝浦工業大学	監督
井上大	東洋大学	監督
伊藤由紀夫	立正大学	元監督
飯田孝雄	東京経済大学	監督
古城隆利	日本体育大学	監督
山口亮	武蔵大学	監督
浜井澒丈	明星大学	元監督
吉田祐三	明星大学	監督
横井人輝	東海大学	元監督

氏名	所属	役職
難波貴司	明治学院大学	監督
唐澤良一	帝京大学	監督
川村卓	筑波大学	監督
原田勝也	足利大学	監督
小原沢重頼	城西大学	総監督
白石滋	成城大学	監督
三森俊貴	関東学院大学	監督
田中英登	横浜国立大学	監督
臼杵大輔	横浜市立大学	監督
齊藤博久	桐蔭横浜大学	監督
相澤豊	松蔭大学	監督
新田晃司	神奈川工科大学	監督
岸川雄二	神奈川大学	監督
竹内康治	鶴見大学	監督
半田卓也	中京大学	監督
堀田崇夫	中部大学	監督
馬渕隆雄	同朋大学	監督
中村順司	名古屋商科大学	元総監督
上川恭宏	名古屋商科大学	監督

松崎裕幸	日本大学国際関係学部	監督
近藤正	中京学院大学	監督
藤田明宏	朝日大学	監督
近藤真市	岐阜聖徳学園大学	監督
森本進	皇學館大学	監督
吉田和幸	福井工業大学	元監督
下野博樹	福井工業大学	監督
北川良	金沢星稜大学	監督
藤井幸喜	金沢工業大学	監督
山本勇輝	金城大学	監督
後藤真一	富山国際大学	元監督
畑山隆	高岡法科大学	監督
早瀬万豊	関西大学	監督
松岡憲次	立命館大学	元監督
後藤昇	立命館大学	監督
青木孝守	京都大学	監督
澁谷卓弥	同志社大学	監督
田中秀昌	近畿大学	監督
勝村法彦	京都産業大学	監督
西山正志	大阪学院大学	監督

富山陽一	大阪商業大学	監督
伊与田健吾	神戸学院大学	監督
西山明彦	関西外国語大学	監督
田中重則	摂南大学	監督
江川充彦	大阪経済法科大学	監督
宮崎正志	大阪産業大学	監督
中野和彦	大阪体育大学	監督
藤原忠理	天理大学	監督
鈴木英之	関西国際大学	監督
谷口純司	甲南大学	監督
吉川博敏	神戸国際大学	監督
伊丹康治	羽衣国際大学	監督
高橋広	神戸医療未来大学	監督
垣下真吾	阪南大学	監督
辻西陽平	太成学院大学	監督
山本樹	大阪観光大学	監督
田中恵三	大阪工業大学	監督
伊藤知之	大阪大谷大学	監督
田原完行	佛教大学	監督
神田吉輝	姫路獨協大学	監督

氏名	所属	役職
関昌弘	流通科学大学	監督
堤裕次	広島経済大学	監督
南栄治	近畿大学工学部	監督
野村昭彦	環太平洋大学	監督
橋野純	四国学院大学	総監督
伊藤健治	九州国際大学	監督
渡邊正和	福岡大学	監督
徳永政夫	北九州市立大学	監督

氏名	所属	役職
大久保哲也	九州産業大学	監督
中村壽博	日本文理大学	監督
野田剛史	久留米工業大学	監督
南部正信	東海大学九州キャンパス	監督
藤井雅文	鹿屋体育大学	監督
大城貴之	沖縄大学	監督
肘井利一	近畿大学産業理工学部	監督

高校野球

※順不同。敬称略。紙面の都合上、顧問、部長、副部長、コーチ等は割愛させていただきました

氏名	所属	役職
加賀谷実	北海道紋別高校	監督
佐々木孝介	駒澤大学苫小牧高校	監督
船尾隆広	札幌大谷高校	監督
菊池雄人	札幌第一高校	監督
森本卓朗	札幌日本大学高校	元監督
秋場拓也	札幌日本大学高校	元監督
本間敬三	稚内大谷高校	監督

氏名	所属	役職
大脇英徳	東海大学付属札幌高校	監督
平川敦	北海高校	監督
坂本亘	北海道大谷室蘭高校	監督
上林弘樹	北照高校	監督
滝渕安弘	弘前工業高校	監督
附田武浩	十和田工業高校	監督
仲井宗基	八戸学院光星高校	監督

長谷川菊雄	八戸工業大学第一高校	監督
兜森崇朗	青森山田高校	監督
佐々木洋	花巻東高校	監督
中尾孝義	専修大学北上高校	監督
北島亨	高田高校	監督
湯澤淳	角館高校	監督
髙橋直樹	湯沢高校	監督
小松拓史	羽後高校	監督
押切信人	横手高校	監督
斎藤竜二	横手清陵学院高校	監督
山信田善宣	湯沢高校	監督
牧野嘉訓	能代高校	監督
冨樫真雄	本荘高校	監督
尾留川徹	本荘高校	監督
鈴木寿宝	秋田修英高校	監督
太田直	秋田商業高校	監督
佐藤幸彦	秋田中央高校	監督
石川聡	秋田南高校	監督
齊藤真一	西仙北高校	監督
阿部大樹	大曲工業高校	監督

照井正喜	大曲高校	監督
佐藤農	大曲農業高校	監督
小林洋介	湯沢翔北高校	監督
工藤明	能代松陽高校	監督
成田昇	能代西高校	監督
佐藤浩樹	平成高校	監督
浅野晃秀	雄物川高校	監督
渋谷良弥	山形商業高校	前監督
小泉泰典	羽黒高校	元監督
澁谷瞬	羽黒高校	監督
石井貴之	山形南高校	監督
庄司秀幸	山形中央高校	監督
志藤達哉	山本学園高校	監督
鈴木剛	酒田南高校	監督
佐藤俊	鶴岡東高校	監督
荒木準也	日本大学山形高校	監督
須江航	仙台育英学園高校	監督
我妻敏	東北高校	元監督
宍戸亨	学法福島高校	総監督
藤森孝広	学法福島高校	監督

氏名	所属	役職
佐々木順一朗	学法石川高校	監督
斎藤智也	聖光学院高校	監督
溝井修一	帝京安積高校	監督
中村猛安	日本大学東北高校	元監督
宗像忠典	日本大学東北高校	監督
鈴木利栄	福島東高校	監督
髙橋祐二	霞ヶ浦高校	監督
増田克史	土浦日本大学高校	前監督
小菅勲	土浦日本大学高校	監督
金沢成奉	明秀学園日立高校	監督
島田直也	常総学院高校	監督
大森一之	宇都宮工業高校	監督
麦倉洋一	佐野日本大学高校	監督
松本弘司	佐野日本大学高校	名誉監督
小針崇宏	作新学院高校	監督
石川武明	上三川高校	監督
宇賀神修	青藍泰斗高校	元監督
宇賀神健人	青藍泰斗高校	監督
黒田純一	矢板中央高校	監督

氏名	所属	役職
高根澤力	文星芸術大学附属高校	監督
金子安行	鹿沼商工高校	監督
新井祥	鹿沼南高校	監督
長竹志郎	宇都宮白楊高校	監督
山口晃弘	宇都宮商業高校	監督
花田知晃	益子芳星高校	監督
横山洋	真岡工業高校	監督
羽鳥達郎	関東学園大学附属高校	監督
武藤賢治	桐生市立商業高校	監督
水久保国一	太田市立太田高校	監督
濱田豪	沼田高校	監督
荒井直樹	前橋育英高校	監督
高橋良	ふじみ野高校	監督
森士	浦和学院高校	元監督
岩井隆	花咲徳栄高校	監督
恩河力	慶應義塾志木高校	監督
山田孝次	埼玉栄高校	監督
岡野泰崇	山村学園高校	監督
田中貴晴	正智深谷高校	監督

岡本幹成	聖望学園高校	元監督
泉名智紀	武蔵越生高校	監督
石川賢	埼玉平成高校	監督
中村仁一	叡明高校	監督
吉岡眞之介	日本大学習志野高校	監督
稗田徹	千葉日本大学第一高校	監督
尾島治信	成田高校	監督
古橋富洋	敬愛学園高校	監督
皆川浩一	西武台千葉高校	監督
染谷希一	千葉商科大学付属高校	監督
荒井信久	千葉黎明高校	監督
澤村史郎	拓殖大学紅陵高校	前監督
森下倫明	東海大学付属浦安高校	監督
大田垣克幸	流通経済大学柏高校	監督
小笠原俊樹	東葉高校	元監督
岡野賢太郎	千葉明徳高校	監督
金原健博	日本体育大学柏高校	監督
木川卓見	日出学園高校	監督
真田正人	八千代高校	監督
森田正裕	東京成徳大学高校	監督

森泉弘	安田学園高校	監督
米澤貴光	関東第一高校	監督
木村泰雄	駒場学園高校	監督
永田昌弘	国士舘高校	元監督
中村貴也	昭和第一高校	監督
有馬信夫	足立新田高校	監督
前田三夫	帝京高校	総監督
若林弘泰	東海大学菅生高校	元監督
弘松恒夫	総合工科高校	監督
市原勝人	二松学舎大学附属高校	監督
渡邊尚樹	日本大学第一高校	監督
田中吉樹	日本大学第二高校	前監督
小倉全由	日本大学第三高校	前監督
福島直也	日本大学豊山高校	監督
佐伯雄一	日本大学桜ヶ丘高校	監督
西田満	八王子実践高校	監督
萩生田博美	日本大学鶴ヶ丘高校	監督
石山敏之	明星高校	監督
郷野康輔	錦城高校	前監督
成瀬智	世田谷学園高校	監督

氏名	所属	役職
小田川雅彦	堀越高校	監督
美斉津忠也	日本ウェルネス高校	監督
本村哲郎	多摩大聖ヶ丘高校	監督
渡辺元智	横浜高校	元監督
村田浩明	横浜高校	監督
柴田次郎	横須賀高校	監督
小嶋一紀	横浜商業高校	元監督
榎屋剛	横浜商業高校	元監督
森田誠一	横浜創学館高校	監督
水谷哲也	横浜隼人高校	監督
芝崎広之	光明学園相模原高校	監督
竹内智一	鎌倉学園高校	監督
浜田雅弘	寒川高校	監督
小泉陽三	関東学院高校	監督
石黒滉二	橘学苑高校	元監督
那須野恭昴	橋本高校	監督
片桐健一	桐蔭学園高校	監督
野呂雅之	桐光学園高校	監督
上田誠	慶應義塾高校	元監督
森林貴彦	慶應義塾高校	監督
宇野祐士	茅ヶ崎西浜高校	元監督
渡辺晃	茅ヶ崎西浜高校	元監督
稲本祥悟	厚木西高校	監督
名塚徹	港北高校	元監督
川村靖	湘南高校	監督
平野太一	川和高校	監督
上山泉	相模原総合高校	監督
宮地洋人	百合丘高校	監督
平田隆康	向上高校	監督
橋本大志	高浜高校	監督
寺尾洋一	座間総合高校	監督
樫平剛	三浦学苑高校	監督
吉田和晃	山手学院高校	監督
菅澤悠	市ヶ尾高校	監督
李剛	金沢高校	元監督
泉田浩道	桜丘高校	監督
近内真一	横浜市立南高校	監督
本萱昌義	湘南学院高校	監督

岩田英司	湘南学園高校	監督
榊淳一	湘南工科大学附属高校	監督
信太俊郎	神奈川工業高校	監督
古屋克俊	神奈川大附属高校	監督
伊豆原真人	川和高校	元監督
高橋伸明	相洋高校	監督
野原慎太郎	大師高校	監督
山下大輔	鶴嶺高校	監督
原俊介	東海大学付属相模高校	監督
川俣浩明	藤沢翔陵高校	監督
中丸洋輔	藤嶺学園藤沢高校	監督
伊藤謙吾	日本大学高校	監督
武藤周二	日本大学藤沢高校	元監督
山本秀明	日本大学藤沢高校	監督
西原忠善	武相高校	監督
八木崇文	平塚学園高校	監督
鶴岡英一	弥栄高校	監督
齋藤孝義	立花学園高校	総監督
志賀正啓	立花学園高校	監督
菅野敦史	立花学園高校	元監督

的場章	戸塚高校	監督
藤原弘介	佐久長聖高校	監督
足立修	松商学園高校	監督
坂田精二郎	松本国際高校	監督
両角亮介	長野工業高校	監督
前田芳幸	甲府工業高校	監督
吉田洸二	山梨学院大学高校	監督
柏木洋和	都留高校	監督
栗林俊輔	静岡高校	監督
小林正具	静清高校	監督
川口剛	日本大学三島高校	前監督
永田裕治	日本大学三島高校	監督
小林能知	飛龍高校	監督
吉田道	浜松学院高校	監督
戸栗和秀	富士市立高校	監督
鈴木祥充	浜松商業高校	監督
初鹿文彦	知徳高校	監督
新田紀之	加藤学園高校	前監督
米山学	加藤学園高校	監督
金城孝夫	愛知黎明高校	監督

氏名	所属	役職
倉野光生	愛知工業大学名電高校	監督
鈴木将吾	愛知産業大学工業高校	監督
櫻井春生	愛知産業大学三河高校	監督
柴垣旭延	享栄高校	総監督
山本常夫	日本福祉大学附属高校	監督
阪口慶三	大垣日本大学高校	監督
秋田和哉	市立岐阜商業高校	監督
鍛治舍巧	県立岐阜商業高校	監督
佐川竜朗	津田学園高校	監督
吉田真	高岡商業高校	監督
中村隆	日本航空高校石川	監督
山下智茂	星稜高校	元監督
林和成	星稜高校	元監督
山本雅弘	遊学館高校	監督
東哲平	敦賀気比高校	監督
竹内正人	敦賀工業高校	監督
大須賀康浩	福井工業大学附属福井高校	総監督
宮崎裕也	彦根総合高校	監督
多賀章仁	近江高校	監督

氏名	所属	役職
上羽功晃	京都外大西高校	監督
堂弘	京都学園高校	監督
市川靖久	乙訓高校	監督
原田英彦	龍谷大学付属平安高校	監督
河野有道	ＰＬ学園高校	元監督
村井保雄	興國高校	元監督
喜多隆志	興国高校	監督
片岡定治	阪南大学高校	元監督
西谷浩一	大阪桐蔭高校	監督
静純也	大阪商業大学堺高校	監督
藤本博国	近畿大学附属高校	監督
髙橋克典	大阪商業大学高校	監督
仲辻宏之	太成学院大学高校	監督
上林健	東海大学付属大阪仰星高校	監督
安田聖寛	育英高校	監督
河上敬也	相生学院高校	監督
藤田明彦	東洋大学姫路高校	元監督
岡田龍生	東洋大学姫路高校	監督
橋本武徳	天理高校	元監督

中村良二	天理高校	監督
若井康至	大和広陵高校	元監督
中谷仁	智辯和歌山高校	監督
中田博之	岡山南高校	監督
田野昌平	玉野光南高校	監督
早川宜広	岡山理科大附属高校	監督
長澤宏行	創志学園高校	元監督
門馬敬治	創志学園高校	監督
森光淳郎	倉敷商業高校	前監督
藤本誠	崇徳高校	監督
定常弘顕	倉吉東高校	監督
和田誉司	浜田高校	監督
河口雅雄	岩国高校	監督
香川智彦	英明高校	元監督
長尾健司	高松商業高校	監督
秦敏博	高松北高校	監督
杉吉勇輝	高瀬高校	監督
杉本泰彦	海部高校	監督
宇佐美秀文	小松高校	監督
重澤和史	松山商業高校	元監督

大野康哉	松山商業高校	監督
阿部真隆	松山南高校	監督
佐伯英樹	新居浜商業高校	監督
宮本昇二	八幡浜高校	監督
澤田勝彦	北条高校	監督
岡田茂雄	新田高校	監督
乗松征記	済美高校	元監督
中岡隆児	三瓶高校	監督
荷川取秀明	松山聖陵高校	監督
仙波秀知	丹原高校	監督
岡﨑衛	伊野商業高校	監督
山中直人	岡豊高校	監督
北川大洋	高知丸の内高校	教諭
川内邦光	安芸桜ヶ丘高校	監督
高橋司	高知工業高校	監督
島田達二	高知高校	元監督
梶原大輔	高知商業高校	元監督
上田修身	高知商業高校	監督
橋田行弘	高知東工業高校	監督
北岡茂	高知東高校	監督

氏名	所属	役職
横川恒雄	椿原高校	監督
馬淵史郎	明徳義塾高校	監督
石橋茂樹	希望が丘高校	監督
楠城徹	九州国際大学附属高校	監督
赤嶺琢	自由ヶ丘高校	監督
末次秀樹	真颯館高校	監督
飯田信吾	星琳高校	監督
江口祐司	筑陽学園高校	前監督
吉田幸彦	飯塚高校	監督
平松正宏	福岡第一高校	元監督
小島一博	伊万里商業高校	監督
木村佳正	佐賀学園高校	監督
森田剛史	佐賀商業高校	監督
森博文	唐津西高校	監督
徳山誠一朗	龍谷高校	監督
宮崎慎太郎	松浦高校	監督
平山清一郎	長崎日本大学高校	監督
井手英介	清峰高校	監督
植田龍生	創成館高校	監督

氏名	所属	役職
馬場悟	島原工業高校	監督
野田謙信	開新高校	監督
安田健吾	熊本工業高校	監督
吉村達朗	鹿本農業高校	監督
林幸義	熊本工業高校	元監督
井手千秋	熊本国府高校	監督
宮川和之	千原台高校	監督
久木田拡吉	秀岳館高校	監督
齋藤健二郎	多良木高校	監督
齋藤輝久	東稜高校	監督
山﨑清貴	八代清流高校	監督
西田尚巳	必由館高校	監督
平井洋介	文徳高校	監督
渡邉正雄	佐伯鶴城高校	監督
吉良耕一	別府翔青高校	監督
松尾篤	大分高校	監督
伊藤弘明	別府青山高校	監督
定岡智秋	柳ヶ浦高校	監督
羽田恭輔	楊志館高校	監督

重本浩司　延岡学園高校　監督
三浦正行　延岡学園高校　監督
﨑田忠寛　宮崎学園高校　監督
樋渡祐志　宮崎商業高校　監督
佐々木典彦　西都商業高校　監督
岩切隆公　宮崎工業高校　監督
佐々木未応　宮崎南高校　監督
河辺寿樹　宮崎日本大学高校　元監督
田原謙一　高鍋農業高校　監督
西田博志　佐土原高校　監督
河野真一　都城商業高校　監督
餅原裕士　都城西高校　監督
畑尾大輔　日章学園高校　監督
金川豪一郎　日南学園高校　監督
濱田登　富島高校　監督

坂口明彦　鵬翔高校　監督
湯田太　れいめい高校　監督
山本信也　鹿屋中央高校　監督
久保克之　鹿児島実業高校　名誉監督
宮下正一　鹿児島実業高校　監督
原田卓也　樟南高校　監督
小田大介　神村学園高校　監督
樋口健志　明桜館高校　監督
木元秀樹　与論高校　監督
我喜屋優　興南高校　監督
比嘉公也　沖縄尚学高校　監督
藤井智　西原高校　監督
神谷嘉宗　美里工業高校　監督
神山昂　KBC未来高校　総監督

中学野球関係者

※順不同。敬称略。紙面の都合上、団体名、学校名、チーム名、役職等は割愛させていただきました

氏名	氏名	氏名	氏名
坂脇寛人	髙松誠	影山裕計	後藤均
野澤伸介	本城弘一	長津正幸	西谷一実
川尻浩之	石黒忠	窪田保彦	荻野忠寛
手塚直宏	村上静代	和田義盛	今井寿七郎
内藤博洋	村上林吉	中里孝輝	弓桁義雄
内山幸一	谷勝利	柿島雅彦	
田中隆之助	植野邦利	小川英二	

横浜スタジアム

※順不同。敬称略。紙面の都合上、役職等は割愛させていただきました

氏名	所属	氏名	所属
藤井謙宗	横浜スタジアム	上本勲	横浜スタジアム
宮澤章	横浜スタジアム	山下広明	横浜スタジアム
大須賀俊之	横浜スタジアム	小橋宗彦	横浜スタジアム
馬場正幸	横浜スタジアム	米田光紀	横浜スタジアム
重田克巳	横浜スタジアム	太田治之	横浜スタジアム

大仙市

※順不同。敬称略。紙面の都合上、団体名、役職等は割愛させていただきました

氏名
今野正彬
黒川俊彦
高橋保
佐々木清

氏名
久米正雄
伊藤久
西山光博
加賀貢規

氏名
安達成年
佐藤芳彦
吉川正一
伊藤優俊

氏名
鈴木貴博
齋藤博美
三浦健誠

企業関係者

※順不同。敬称略。紙面の都合上、会社名、役職等は割愛させていただきました

氏名
藤木幸太
藤木幸二
藤木幸三
藤木幸吉
轟康文
菅原英嗣
小堀正晴
石川真
山口茂雄

氏名
内田宏一
田代昌史
三木谷浩史
渡辺裕之
高見泰範
西川真
四藤慶一郎
舟橋立二
菊池徹

氏名
川﨑貴久
菅沼等
門坂良一
黒田憲一
樫尾隆司
近縄智之
今井万博
栗原岳大
西原巧

氏名
真鍋尚弘
藤原大樹
楠橋裕之
高野浩史
川上晃司
安田稔
神﨑隆史
井田司
伊達太華

氏名
岡武士
中田哲志
加藤勝久
佐藤敏行
鳥海寛人
荒川隆
永島達矢
田沼健太郎
福本秀至
東健太
河野将太
宇津木栄二郎
蓑田謙司
杉本敦史
伊東勇二
北見尚之
門田真二
関口裕
秋葉達也

氏名
佐々木一美
小島雄一郎
水間正樹
伊庭英之
足木茂之
中村友和
石井聖
中山洋平
小林龍之介
嘉藤裕也
黒木五朗
関口一行
油谷聡士
鳥井佑亮
青柳大輔
菅野賢一
田邊中
伊藤仁善
小松裕

氏名
増川春一
西嶋一記
手塚栄司
飯田峰晴
永井幸司
大石竜司
髙宮靖
松本将浩
渡壁十郎
田中大貴
松原靖
古後昌彦
小林直樹
小倉智昭
古川裕子
吉富真里
村松和代
内藤雄太
黒沢幸司

氏名
髙山清彦
山口富夫
鍵山誠
小林寛
中村昌弘
佐藤勝彦
水上裕之
永田友純
高瀬得弘
小川名剛彦
袖川章治
村井洋介
山﨑次郎
中山智和
飯島隆史
村上忠則
澁木正幸
桂米助
杉山研一

須藤正道
山口一幸
熊坂恭児
池浪智也
松並良
吉田啓司
女屋智幸
下前原健治
宮本洋一

松本茂
増田嘉一郎
佐藤秀一
松永元
黒田翔一
松山傑
滝口征司
中井孝充
志村陽一

吉川五郎
大塚淳人
川谷真輝
中村國勝
難波浩
武内大徳
吉村元司
石井拓藏
永渕義規

若月一成
大鎗彰夫
木下大助
中小路文彦
柏木裕之
鈴木三郎

一般関係者

※順不同。敬称略。紙面の都合上、団体名、役職等は割愛させていただきました

氏名

佐竹敬久
国松誠
加藤剛
中田宏
林文子
小林一美
大橋秀行

氏名

柱谷哲二
松村邦洋
上野由岐子
藤木仁美
川窪恒二
原広也
北川敏明

氏名

廣瀬久也
可知芳則
木藤誠
松山佳史
渡邊幹彦
岩崎広幸
吉田勝明

氏名

河﨑賢三
岩間博士
近森正幸
金子卓也
筒井廣明
栗林忠信
山﨑哲也

氏名
蜂谷將史
黒田光保
山崎雄大
石井義人
坂東政司
室伏貴之
樋口誉顕
秋山修一
寺田友昭
石井正徳
安田寿満
椎葉耕次
松永裕文
長谷川義晃
漁武彦
遠藤嘉明
大瀧勝彦
永関勲
西村一文

氏名
高橋和也
下郡功
朝長禎
竹口豊
比企恒治
岩田健一
里倉徹哉
広野功
吉﨑光男
城森香
今村裕一郎
倉林恒人
豊田均
末次義久
岩井秀憲
上地克明
金澤貞之
大川俊彰
伊藤淳

氏名
西山雄二
沼上直輝
岩崎広之
久世学
市川慎二
児島年夫
前田正浩
河野俊嗣
鳥原肇
戸敷正
米本文亜
春本裕之
伊藤比佐志
倉岡弘叔
小俣博
渡部稔
安斉弘樹
石田惠子
鈴木義範

氏名
金子槇之輔
木島弘
田原順子
白井悟
八島貴子
今関勝
野中仁史
山崎裕史
野口信隆
大森浩
戸倉和秀
長岡大介
大木啓史
小松英典
山口信朗
西村悦次
村上由宇月
村上由哲
中島輝昌

笹田克子
伊藤周作
山川彰夫
土岐淳
浅川昭男
高橋良行
北村美代子
間太久矢
石井和彦
谷幸子
髙橋良信
小嶋龍彦
川口暁史
武智勇治
佐藤信義
山口修子
岩城章代

マスコミ関係者

※順不同。敬称略。紙面の都合上、会社名、役職等は割愛させていただきました

氏名
長嶋三奈
向坊健
小松成美
岡本朋祐
高原由佳
高尾豪
倉住亮多
東真一
篠原慎一郎
和城信行
矢部真太

氏名
岡部伸康
佐藤浩幸
岸順之
倉田昭人
川村真幸
東真一
今浦友恵
須賀幸峰
小林拓実
岩田政利
鈴木章太郎

氏名
堤辰佳
岩鍋孝春
佐々木航平
西原研志
大角直也
谷口剣太
藤原聖大
渡辺精一
磯崎由美
柳沢亮
熊井一夫

氏名
赤堀宏幸
小原栄二
松井いつき
川島毅洋
中田康博
藤田昌央
水足丈夫
持木克友
山崎小弓
保坂恭子
保坂淑子

氏名

松本航
和田美保
平井勉
草間京
沢田啓太郎
小泉浩司
加藤弘士
広瀬雄一郎
名取広紀
神原英彰
小島和之
山﨑智
坂本達洋
片岡泰彦

氏名

須貝徹
松浦拓馬
黒田良太
浅野亮浩
土屋圭佑
藤原謙
佐藤辰
椎名博樹
清水川旭
大庭裕行
藤田向
大原進太郎
深井明典
高橋桂祐

氏名

森田浩康
角田光広
吉井祥博
佐藤耕二
枝松順一
三雲薫
渡部剛士
樋口弘昭
石垣英輔
本田将一郎
木下伸
節丸裕一
中郁雄二
森本茂樹

氏名

伊藤純二
魚谷克彦
小桧山雅仁
野村邦丸
中島大介
小林克哉
楢崎豊
楊順行
高木遊
松倉雄太
大利実
長谷川晶一
小川誠志
鈴木誠

日大会

※順不同。敬称略。紙面の都合上、団体名、学校名、会社名、役職等は割愛させていただきました

氏名
加藤茂
石井久至
児玉郁郎
加藤茂
石田竜也
遠藤敏光
今野守
和泉貴樹
松崎裕幸
衣川隆夫
鮎澤均
井出知里
河野真史
坪内瞳
篠原健司
望月幸司
野田正人

氏名
藤澤博隆
入船洋文
真野辰雄
米崎寛
杉山智広
小林直喜
柴一太朗
金子和樹
川浪孝治
津田寛行
苗村佳則
坪井智弘
西川真史
後藤義典
楠田賢吾
谷山修一
榊原聡一郎

氏名
大場優
山下繁昌
齋藤厚徳
会田泰輔
岡保
村上直心
荒井良平
久住草太
田村悠歩
石神康太
坂巻展行
伊藤太一
深田誠
坂本翔太
鈴木了平
松崎元
金田大輔

氏名
増田仁
佐藤学
小林直人
瀬谷晃弘
三島航平
原史彦
石井宏
吉本尋
谷本暁彦
室伏昌英
内村英二郎
川田浩之
辻慶人
田中康二
石川裕也
上田真也
上田祐介

氏名
赤嶺慎
小野寺信介
山崎剛史
内山純也
大場裕太
長谷川記一
小澤竜彦
高橋弘二郎
関孝浩
岩田大祐
佐川真勝
藤原正敏
横関弘
坂井正裕
田熊博
村山辰夫
西山英孝

氏名
小峰英樹
村下勇二
加藤恵久
小林敬嗣
成瀬武雄
三ッ木哲夫
安井伸郎
山口繁男
石川博明
大東二郎
藤田匡
三木治彦
佐藤元昭
長橋昌也
佐伯雄二郎
大川隆明
梅沢直充

氏名
植田龍幸
梅村岳史
大出勝
川井博之
川上真人
河津拓也
木村堅一
斎藤聡仁
逆井誠
鈴木猛
田中純正
原田茂
宮下光夫
若宮秀雄
土屋伸司
高木信
岩井敦佑

氏名
長谷川信
坪内隆幸
小野仁
二上明
戸崎秀伸
大滝正巳
中矢充
富田直樹
白井瑞樹
西尾悟志
三ツ木哲夫
坂井正裕
安忍
甲斐丈雅
横田泰隆
中島典生
佐々木毅

日本大学明誠高校

※順不同。敬称略。紙面の都合上、一部の団体名、学校名、会社名、役職、教え子のＯＢ等は割愛させていただきました

氏名	所属	役職
塚田正敬	硬式野球部	元部長
内山新次	硬式野球部	
福島光敏	硬式野球部	元監督
荒井和夫	硬式野球部	前監督
小口哲生	硬式野球部	元監督
三好孝尚	硬式野球部	監督
川井博之	硬式野球部ＯＢ会	会長
間柄直樹	硬式野球部ＯＢ会	会長補佐
南尊雄		
原田茂		
村下勇二		
漆畑守		
遠藤正男		
大間俊博		
村田二久		
星野充成		
田中純正		
田中雅晴		
山崎秀敏		
渡邊信博		

横浜商科大学高校

※順不同。敬称略。紙面の都合上、一部の団体名、役職、OB等は割愛させていただきました

氏名	所属	役職
松本百子		
松本一彦		理事長
松本翼		
八木澤辰巳	硬式野球部	監督
松江光彦	硬式野球部	部長
有賀信一		
井上泰司		
牛上義明		
木全茂夫		
弓削田豊		
玉村博孝		
上野明		
尾高直行		
茂木潔		
土志田晴夫		
内藤博		
波多正人		
佐久間光明		
渋谷道夫		
下山貫三		
竹村隼隆		
関口幸三		
平石寿忠		
村田亨		
原田啓二		
米長賢一		
斉藤秀光		
横山信一		
佐藤茂		

横浜商科大学

※順不同。敬称略。紙面の都合上、一部の団体名、役職、教え子のOB等は割愛させていただきました

氏名	所属	役職
清水雅彦		理事長
原邦夫		常務理事
貫洞玲子		事務局長
井樋秀則	硬式野球部	監督
野本健二	硬式野球部	コーチ

氏名	所属	役職
須田幸太	硬式野球部	投手コーチ
佐藤義文		
大関充夫		
藤巻健一		

強育論

2023年7月7日　初版第一刷発行

著　　者／佐々木正雄

発 行 人／後藤明信
発 行 所／株式会社竹書房
〒102-0075 東京都千代田区三番町8-1
三番町東急ビル6F
email：info@takeshobo.co.jp
URL　http://www.takeshobo.co.jp

印 刷 所／共同印刷株式会社

カバー・本文デザイン／轡田昭彦＋坪井朋子
カバー写真／神奈川新聞社
特別協力／藤木幸夫・王貞治
協　　力／鈴木義信・内藤雅之・野本健二
取材協力／アサヒスポーツ・花笑み・横浜商科大学
校正協力／榎屋剛・坂脇寛人・小原栄二・片岡泰彦・川島毅洋・保坂恭子・臼杵大輔・前橋優太・岩城章代
編集・構成／小川誠志

編 集 人／鈴木誠